2025年を制覇する破壊的企業

称霸未来的企业

[日] 山本康正 ◎著　　于航 ◎译

中国友谊出版公司

现在是 2025 年 12 月 12 日,后新冠肺炎疫情时代,人们的日常生活是这样的……

序：2025年的世界将会由这11家公司一手掌控

在日本浦安市某高层建筑的一个房间里，一名男性头上戴着一种类似护目镜的设备，正对着显示器比比画画地说着些什么。

这名男性名叫中村翔（化名），今年42岁。显示器右下角显示的当前日期为2025年12月12日。

从东京大学毕业后，中村进入一家日本大型商社工作。这家公司拒绝采用新科技，拒绝导入新的制度，依然采取论资排辈的做法，这让中村觉得非常不适应。于是他辞去了商社的工作，跳槽到了一家以人工智能（AI）开发为主营业务的初创企业。虽说这份工作的稳定性远不如上一份工作，但这家企业使用了新的制度并且有望上市，工作节奏也很快，这一切都让中村觉得，这才是他想要的。

中村佩戴的头戴式设备正是微软公司开发的产品Hololens。Hololens可以通过特殊的镜片及技术，将电脑及智能手机上的虚拟画面转换成为立体画面，让人产生一种身临其境的感觉。适才中村面前的显示器也

称霸未来的企业

并非实物,只不过是虚拟的投影罢了。借助Hololens,身在别处的同事也就在他的眼前。

中村此时正在通过Hololens与同事开会讨论2026年上市的新产品广告的宣传问题。

近年来,诸如此类的现实与虚拟互相融合的技术,即MR(Mixed Reality)技术,以极其迅猛的态势渗透到了我们生活的方方面面。在2025年,无论在商务领域还是在日常生活领域,MR技术都是不可或缺的。

中村的显示器的边上摆放着一个2026年准备上市的商品,其尺寸与实物一般无二,商品的边上还播放着宣传广告。当然,这一切也都是虚拟出来的。

参加会议的除了中村,还有美国事务所的公关负责人、法国事务所的企划开发人员、中国工厂的负责人等,共计10人。与会人员全都佩戴着Hololens,通过在Hololens中共享广告视频及商品等虚拟现实(VR)的画面,进行着讨论。

一轮会议结束,中村摘下Hololens,开始操作电脑,为下一轮会议做准备。他使用的是一款名为Google Zoom的视频会议软件,这是谷歌并购了Zoom之后推出的一款产品。中村以前主要使用的是其他公司的软件,自从跳槽到这家初创企业之后,除了视频会议软件,其他很多商务应用软件,他也都开始转用谷歌的产品了。

这一次跟中村通过视频会议软件进行交流的是美国加利福尼亚事务所的约翰。这时已经快到约翰下班的时间了,跟中村进行视频会议的目的就是为了对手头的项目进行交接。

序：2025年的世界将会由这11家公司一手掌控

中村的英语并不是很好，约翰也不懂日语，但在交流的过程中，中村说的日语在一瞬间被翻译成了英语，约翰的英语也在一瞬间被翻译成了日语，因此二人能够用不同的语言进行即时交流。

之所以能够如此，全都是Google DeepMind的人工智能技术和能够瞬时处理庞大数据的云计算的功劳。

人工智能的作用绝不仅仅是翻译，它还能自动生成英、日两种语言会议记录的文本。在发送邮件及制订合同时，人工智能也会参考之前的工作中的存档，为人们提供最合理的模板。比如现在中村要做的，就是将模板内的内容补充完整，再点击"发送"按钮。从几年前开始，公司就已经实现无纸化办公了。

让人惊叹的是，性能如此优异的电脑，其售价居然只有19800日元①。这台电脑是谷歌的产品，只具备诸如上网之类的基本功能，但要是配合身边的智能手机使用，或是将其连接到云端的话，它就会瞬间具备强大的功能，例如刚才提到的人工智能服务。

这台电脑是中村的私人物品，因此并没有贴有公司设备管理标签。之所以可以用私人电脑办公，全都是拜初创企业CrowdStrike开发的人工智能及零信任安全模型（默认不信任企业网络内外的任何人、设备和系统）所赐。到了2025年，因为安全方面的原因而使用VPN（虚拟专用网络）及杀毒软件的人已经大幅减少了。

每天必须要在公司办公，也是中村辞去商社工作的原因之一。不仅是因为拥挤的地铁让他感到不快，他还觉得，在家完全可以完成一

---

① 1日元≈0.06元。——译者注

称霸未来的企业

天的工作。

如今他终于如愿以偿了。现在这份工作去公司的时间和次数完全由员工自己掌握,只要出成绩就行。所以中村现在一般每周只去公司1次。

5年前,由于新冠肺炎病毒的流行,全世界都陷入了恐慌之中,时至今日仍然如此。虽然有了疫苗,但随着病毒不断变异,出现了毒性更强的COVID-22及COVID-24,原有的疫苗已然失去了效力,人们只好不断开发新的疫苗。人类与病毒之间的斗争似乎永无止境。

但人类并没有就此屈服。以GAFA[①]为代表的科技巨头为了能让人们在公开且又不直接接触的环境下进行商务活动,紧锣密鼓地进行着研发。就像中村所在的这家公司一样,很多企业都使用了GAFA的科技产品,数字化转型(DX)已经深入到了社会的各个角落。

就像某位专家所说的那样,"新冠肺炎疫情让科技快进了10年"。

中村以前所在的那家商社没有成为数字化转型大潮中的弄潮儿,虽说美国投资家沃伦·巴菲特曾经持有该商社近10%的股票,但由于疫情迟迟没有缓解的迹象,公司也因此无法重返资源市场,股价持续走低,进而导致人才不断流失,往日辉煌不复。

就像日本经济产业省[②]在2018年发布的报告中所说的,"2025年

[①] GAFA,即谷歌(Google)、苹果(Apple)、脸书(Facebook)和亚马逊(Amazon)四大科技巨头。——译者注

[②] 隶属日本中央政府的机构,负责提高民间经济活力,使对外经济关系顺利发展,确保经济与产业得到发展等。——译者注

序：2025年的世界将会由这11家公司一手掌控

断崖"现象可能将会出现，即核心系统过于老旧的企业，它们的信息技术（IT）开支几乎全部用于系统维护，导致原本应该是资产的企业核心系统反而变成了负债。

无人驾驶出租车通勤的性价比飙升

今天是去公司的日子。中村做好一切准备之后，就拿出手机，用打车软件约了出租车。刚一下楼，中村就看见刚才预约的出租车已经等在那里了。

车身上喷着"无人驾驶出租车"的字样。这辆出租车是无人驾驶汽车，型号为Mobility。较之以前的同款车型，这台车的外观变化很大。它没有方向盘，座位也不分前后排，采用面对面的座位设计，如果是多人搭乘的话，乘客之间可以进行面对面的交流。其生产厂商是特斯拉（Tesla）。

中村一上车，车上就立刻响起了他喜欢的音乐。因为中村自己拥有一辆特斯拉汽车，所以特斯拉的人工智能才能如此准确地掌握他的个人喜好。车内还有一块显示屏，滚动播放着与AI有关的新闻资讯，这些资讯似乎正对中村的胃口。

无人驾驶出租车是特斯拉公司开展的一项业务，主要内容是把平时停在停车场的车辆利用起来，为客户提供出租车服务。到了2025年，无论是酒店、超市还是星巴克，在此类场所附近，特斯拉的充电桩随处可见，人们再也不必为电动汽车的充电而烦恼了。

特斯拉还开展了太阳能发电业务。中村居住的住宅楼就装有特斯

称霸未来的企业

拉的太阳能发电板。

  开展无人驾驶出租车业务的并非只有特斯拉一家,亚马逊也想从中分一杯羹。2020年,亚马逊收购了研发自动驾驶的初创企业Zoox,此后其无人驾驶出租车业务的研发进展神速,"亚马逊出租车"也已经开始上路运行。

  亚马逊出租车从内到外全由亚马逊公司一手打造,上车后亚马逊的产品随处可见。亚马逊出租车与特斯拉的产品类似,里面也有显示屏,播放着当前客户感兴趣的视频——通过对大数据的解析,就可以分析出客户的喜好。

  亚马逊出租车完全能够满足应对新冠肺炎疫情的要求。每当有乘客上下车,亚马逊出租车都会自动消毒。当然,用来消毒的消毒液也是亚马逊的产品,而且在出租车上就可以订购该产品。

  亚马逊正式开展无人驾驶出租车业务是在2020年,那一年,优步(Uber)也正式开始了在东京的业务,但其业务内容并不包括私家车网约车服务,而只是对各出租车公司的出租车进行调度。由于无人驾驶出租车的出现,优步的市场很快就丧失殆尽,不得不退出了东京。

  中村乘坐轨道交通的次数较之以往大幅减少了。无论是从时间、金钱还是安全性考虑,无人驾驶出租车都具有绝对的优势。从浦安到公司所在地六本木,乘坐轨道交通大约需要45分钟,票价为350日元,而乘坐无人驾驶出租车则只需要25分钟,费用约为210日元,而且还可以避免与其他人密切接触。

  因为具有上述优势,越来越多的人在出行时会选择无人驾驶出租车,轨道交通的车次也减到了过去的1/10左右。

序：2025年的世界将会由这11家公司一手掌控

到了2025年，轨道交通工具将会与优步一样，难逃被淘汰的命运。同时4S店也将面临消亡的命运，因为无人驾驶出租车的出现，购买私家车的人数大幅减少。

中村来到了位于六本木的办公室。他直接下车进入了大厦，因为打车软件已经帮他自动结算了打车费用。中村从车上下来以后，无人驾驶出租车又无声无息地去迎接下一位客人了。由于是电动汽车，所以声音格外安静。

出差住的是苹果旅馆

一天，中村要去大阪出差。要是在从前的话，他肯定要在乘坐新干线时连上车厢内的Wi-Fi上网。可如今他已经不再需要Wi-Fi了，因为5G信号已经实现了全覆盖。5G加上云服务，通信费用也比以前便宜很多。

中村用的是每月3000日元的套餐，套餐内有500GB的流量。而在5年前，3000日元的套餐只有5GB左右的流量。现在出门再也不必担心流量不够了，无论是手机还是笔记本电脑，都可以随心所欲地联网使用，而且就连播放视频时也不会出现延迟卡顿的现象。

商务谈判结束后，中村就来到了旅馆。这家旅馆是苹果公司刚开的。由于疫情的影响，很多大酒店难以为继，股权投资者看准机会，大肆收购其股权，苹果公司选择其中的高级酒店进行了并购。苹果公司在日本也发布了虚拟信用卡Apple Card，开始进军金融领域。iPhone用户使用Apple Card的折扣会比其他信用卡高很多，所以Apple

称霸未来的企业

Card很快就普及开了。中村之所以会选择这家旅馆,是因为若干项折扣折算下来,费用很便宜。

中村钟爱苹果旅馆,绝不仅仅是因为折扣率高这一点,还因为它的便利和舒适。他走向自己的房间,用iPhone在房间前面的感应板上刷了一下,空调、照明、音响等就按照中村的个人喜好设定好了。这就是苹果公司提供的App Clips服务。

使用App Clips服务的用户无须安装诸多应用程序(App)便可享受各种App带来的便利。在当前环境与App Clips相关联的情况下,只需用iPhone轻轻一刷,就可以在一瞬间按照自己的偏好设定好当前的环境。

不知是由于谈判时过于劳累,还是App Clips提供的环境过于舒适,中村进入房间后立刻就躺到了床上。无线耳机中传来了AirPods播放的音乐,让人感到平静而安详。即将沉沉睡去的中村摘下眼镜,放到了床头的搁板上。

AirPods之所以会播放令人感到安详宁静的音乐,是对从眼镜中获取的信息进行分析的结果。中村戴的是Apple Glass,它会读取佩戴者的表情,从而解析他们的身体状况。此刻Apple Glass觉察到中村有些疲惫,就让AirPods播放能使人放松的音乐。

中村摘下眼镜之后,音乐声转换成了一种能令人安然入睡的曲调,变得更加静谧而舒缓。

从数年前开始,中村除了运动和洗澡等,会经常戴着Apple Glass、Apple Watch及AirPods,以便能够随时随地将自己的个人偏好上传至苹果公司的服务器。之所以能够长时间持续使用这些设备,是

序：2025年的世界将会由这11家公司一手掌控

因为设备不断进化，能够无线充电。

AI教师教授小学二年级学生乘法口诀

中村有两个孩子，儿子叫翔平，今年上小学二年级，女儿叫翔子，今年5岁，正在上幼儿园。由于新冠肺炎疫情持续蔓延，小学的课程全部变成了远程教学。就像中村居家办公一样，翔平也正在旁边的房间里上课。

Hololens在远程教学中也发挥着巨大的作用。今天上的是科学课。翔平戴好Hololens，与实物等大的人体模型立刻就出现在了他的面前。老师讲解的同时，人体的内脏、骨骼等也随之出现在翔平的眼前。翔平听得津津有味。

学校采取的是交互式教学，学生有什么不懂的地方，可以随时提问，这样更能激发学生对人体构造的兴趣。提问的不仅仅是翔平一个人，很多学生一下子提出了好几个问题。这时回答问题的也不仅只有老师一个人，人工智能在接收到学生们提出的问题后，就会立刻给出相应的答案。

人工智能还能代替老师给出小测验的答案解析，这样一来，即便是居家学习，学生们也能够得到能力的提升。比如说在学习乘法口诀的时候，人工智能能够精确掌握每一位学生的进度。AI教师已经了解到翔平对与8有关的乘法口诀掌握得不太好，所以今天将会针对这一情况对翔平进行特训。

由于人工智能教师的出现，仅通过播放视频课件来授课的线上学习的比例出现了大幅下滑。

由于学习效率的大幅提升，甚至连花在上学、放学路上的时间也省了，孩子们玩耍的时间也较从前有了大幅提升。孩子们玩得最多的是网络游戏和VR的社交游戏。翔平最近钟情于全球最受欢迎的在线对战游戏《堡垒之夜（Fortnite）》。完成了一天的学习任务后，翔平便登录了自己《堡垒之夜》的游戏账号。有几个朋友早就已经在玩游戏了，翔平也迫不及待地加入了战局。有几个小伙伴正为当前的战况兴奋不已。戴上Hololens以后，翔平感觉其他小伙伴好像就在自己身边，跟自己并肩作战，这让他欲罢不能。

这个游戏玩腻了，他又登录了脸书公司运营的VR社交平台Horizon。在这个网络VR平台上，他化身为"阿凡达"，与其他用户进行交流。

在这个VR社交平台上，他控制着属于自己的"阿凡达"，或驾驶飞机，或像刚才一样，跟小伙伴们进行对战。

Alexa Cooking Chef 烹制的"素牛排"

由于中村的妻子绘里香从事的是服务行业，所以无法像中村那样居家办公，大部分时间都要外出工作。因为工作的关系，绘里香每天都会送翔子去幼儿园。但这一天，绘里香的手机突然响起了警报，那是从翔子手腕上戴着的Apple Watch上发过来的。

此时的Apple Watch已经能够测量多项健康指标，之所以会发出警报，是因为它对翔子的身体情况进行分析后，发现翔子出现了健康

序：2025年的世界将会由这11家公司一手掌控

方面的问题。绘里香连忙结束了一天的工作，把翔子接回家检查了一下，幸好没有什么大问题。

回到家以后，绘里香便开始着手准备晚饭。但这并不意味着她要亲自使用菜刀、平底锅等厨具切菜、烹饪。她只需将食材从冰箱里取出放在菜板上，再把被切成合适大小的食材放到微波炉里或锅里便可。真正的烹制流程都交给亚马逊公司开发研制的烹饪机器人Alexa Cooking Chef。

Alexa Cooking Chef是亚马逊公司的产品，内置Alexa系统，通过画面对食材进行识别后，就能立刻判断出该用什么方法进行烹饪。当然，机器人力所不及之处，还是要由绘里香来代劳。

在做晚饭的过程中，绘里香非但不用亲自动手，而且就连烹饪方法都由Alexa替她想好了。Alexa会根据她的偏好及健康状态等自动生成菜谱。绘里香甚至不用亲自出去采购食材。冰箱也搭载了人工智能，当冰箱里食材不足的时候，它就会自动订购，而且食材会送货上门。有时绘里香想买一些不同寻常的食材，这时她只要对着智能音箱说一句"Alexa，帮我多买些××"即可。

此时，AI已经渗透到人们生活的方方面面，这就是所谓的"智能家居"理念。中村一家的生活，似乎也已经全部都交给了这所房子内置的Alexa系统来打理。

中村家的房子是由亚马逊公司设计并管理的，住宅内的家电产品，从厨房用品到厕所、洗浴、空调及照明用品，无一不是由亚马逊公司从自家产品库中精挑细选出来的。所有的电器都已经连接至云端，中村一家几乎不用自己动手，包括点灯和关灯这些小事，Alexa

称霸未来的企业

都会根据自己的判断代劳。亚马逊住宅不仅给人们带来生活的舒适和便利，它的价格也比同等地段和条件的房子更便宜，这是因为它可以收集数据并投放广告。中村一家出入家门时根本用不到钥匙或磁卡之类的，只需在门口的摄像头处进行面部认证即可。

亚马逊住宅还有农场。刚才绘里香做饭时使用的食材就是由农场提供的。不仅是住在这栋楼里的人可以买到农场生产的蔬菜等农产品，其他人也可以通过亚马逊网站来购买。

饭已经做好了。吸满了肉汁的牛排被端上了桌子，热气腾腾的。绘里香尝了一口，脸上露出了一副满足的表情，似乎在说："真好吃！"其实这块牛排并不是普通的牛排，而是用豆制品制作的素肉。这款素肉产品是由美国的初创企业Impossible Foods研制开发的。

绘里香年轻时非常关注杀生的问题，有素食主义的倾向。但她又无法拒绝肉类的诱惑，以前的素食根本满足不了她对美食的追求，以至于她在很长时间内放弃了全素食。但在数年前，她终于成了一名真正的素食主义者，这全都是Impossible Foods的功劳。

Impossible Foods开发的豆制品素肉的味道与真正的肉一般无二，这让这一产品具有划时代的意义。更加难能可贵的是，产品吃起来的口感也跟真正的肉没有区别。如此一来，无数虽然身为素食主义者但却又难以割舍肉的口感的人的胃口就被满足了，因此这家企业的产品很快就在全世界普及开了。

序：2025年的世界将会由这11家公司一手掌控

《爱的迫降》第二部的100万种剧情

中村一家吃完晚饭之后打算看电视，就对智能音箱Amazon Echo说："Alexa，打开电视。"话音刚落，电视就自动开机了，此时的电视节目与5年前相比，发生了很大的变化。

到了2025年，几乎没有人能够准时坐在电视机前欣赏电视节目了。电视里放的是5年前在日本大受欢迎的韩剧《爱的迫降》的第二部。Alexa知道绘里香喜欢韩剧，就播放了这个节目，该节目是由网络视频点播公司网飞（Netflix）提供的。

看完电视后，绘里香立刻用自己的智能手机与她的朋友取得联系："你看到的结局是怎样的？"

这样的对话或许会让人有些摸不着头脑。原来在2025年，即便是同一部影视作品，观看的人不同，其剧情也不尽相同。

网飞对观众的目光及面部表情进行解析，再通过人工智能生成相应的影像，为观众提供符合其偏好的剧情走向。如果有100万人同时观看这部电视剧的话，那么就会有100万种不同的故事情节。在2025年，《爱的迫降》第二部是一部非常受欢迎的影视作品。

绘里香正跟朋友谈论电视剧的不同剧情，中村恰巧从电视旁边经过，Alexa立刻就将当前播放的内容转换到了中村喜欢的科技新闻。新闻中正介绍埃隆·马斯克（Elon Musk）推出的一项新服务。

埃隆·马斯克正在着手开发一种新算法，具体说来，这是一种对人的脑电波灵活运用的新技术，如果能够研发成功的话，人们将不必再将自己的想法转化成语言，届时人们只需运用自己的思维，就可以

称霸未来的企业

生成文本文件,甚至叫出租车之类的行为,也只需大脑发出指令便能实现。

绘里香跟朋友谈论完剧情之后,就打开Instagram开始浏览。没过多久,她在首页刷到了感兴趣的内容——一款新包。她点开某位模特上传的照片后,页面就跳转到了一个卖包的网店。她使用脸书的虚拟货币天秤币(Libra)买下了那款包。

脸书收购了Instagram以后并没有就此罢手,而是积极地收购了更多的社交媒体公司。随着天秤币结算的普及,脸书的会员规模也越发庞大起来,如今已经突破了40亿人。

绘里香对流行时尚很感兴趣,所以作为副业,她平时喜欢做一些新潮的手工饰品出售。她利用的电商平台是一家名为Base的日本初创企业。

这家平台非常方便,即使是对电商平台不太熟悉的绘里香,也能在30秒之内创建一家店铺,而且这些服务是完全免费的。随着电商服务平台Shopify在美国不断壮大,受其影响,日本零售电商的发展势头也极为迅猛。

绘里香也做一些股票投资,但她不去证券交易所,也不会每天盯着电脑屏幕时刻关注股价的变化。她只需在智能手机上进行一些简单的操作就可,但这种形式比起投资,更像是在玩游戏。这得益于美国的一家初创企业Robinhood Markets为广大投资者提供的"免交易手续费"服务,这在从前的证券交易当中是绝对不可能的。这家企业还致力于营造一种"即便是没有任何资产投资经验的新人也能享受投资乐趣"的投资氛围,试图创造一个人人都能投资的投资环境。

序：2025年的世界将会由这11家公司一手掌控

翔平上的是一所私立小学。绘里香把副业和投资收入都用来交纳翔平的学费了。Robinhood Markets的个性化推荐服务十分完善，这次它推荐绘里香购买一家新近成立的初创企业的股份，绘里香的投资金额为3万日元。这次投资带来的收益十分令人期待。

由于新冠肺炎疫情的影响，人们外出的机会大幅减少。街道上的汽车和轨道交通数量的减少，使得2025年地球的环境也得到了很大的改善。空气变得澄净，河流变得清澈，臭氧空洞扩大的速度也有放缓的趋势。

让人类吃尽苦头的病毒，另一方面却为地球环境的清洁做出了贡献。这具有讽刺意味的一幕，就出现在不久的将来。

"纽约金融机构前雇员""哈佛大学理学硕士""原谷歌员工""风险投资家"对未来的预测

读到这里，不知道读者朋友们作何感想。我心目中的2025年就是如此，当然，其中也有不少虚构的元素。要让这一切成为现实，或许会比我预想的多花上几十年的时间。本书将会通过对我认为世界上最具影响力、最能引领全球的11家企业进行分析，预测2025年全球经济的发展蓝图。其实现在，这11家企业都已经登上了全球经济的大舞台。

本书由两部分构成。第一部分将会描绘2025年的世界究竟会变成什么样，人们对这11家企业有什么样的期待，以及这11家企业未来会有什么样的动作。此外，我还会对几年后的社会总体发展趋势进行深

称霸未来的企业

入的分析。

第二部分将会在第一部分的基础之上,深入探究企业及商务人士如何才能在2025年的世界中立于不败之地。相信随着对本书阅读的不断深入,你会越发觉得我所勾勒的2025年的生活绝不是痴人说梦。

我现在在一家名为DNX Ventures的风险投资机构任行业导师之职,这家机构在硅谷和东京都设有办事处。该机构成立于2011年,主营业务是对处于起步阶段的B2B初创企业进行投资。DNX Ventures自成立以来,已经对日美两国的80余家企业进行投资,总投资规模超过250亿日元。我们为日本大企业和硅谷初创企业牵线搭桥,助其实现开放式创新,实现合作共赢。迄今我们已助百余对企业牵线成功。

京都大学和哈佛大学是我的母校,我在上述两所大学及早稻田大学商学院中任研究员及特聘副教授等职。

我的专业是金融科技和人工智能。跟其他风险投资家相比,我有一个与众不同的特点,那就是除了对投资敏感,我对经济及科技的动态也十分敏感。

以前我认为,有能力改变这个世界的并非民营企业,而是政府或国际机构。但是有一件事彻底改变了我的想法,那就是东日本大地震。

当时由于海啸的影响,震区的大街小巷到处都是残垣断壁,很多道路的交通都处于中断状态。为改善交通状况而率先行动起来的竟然是谷歌。当时谷歌地图与其他民间组织携手,迅速开发了能够检索可通行道路的系统,供当地居民使用。震后,人们一度通过在公告栏张贴启事等方法寻找下落不明的人,公示避难场所,这样做效率很低。

序：2025年的世界将会由这11家公司一手掌控

而谷歌则借助电脑让这一切变得更加高效。

此刻我才意识到，只要拥有科技的力量，民营企业一样可以改变世界。震撼之余，我决定入职谷歌。

我在谷歌的职位是行业分析师，具体工作内容是以日本大型企业的董事长或董事会成员为业务对象，向其介绍谷歌及其他公司的尖端科技产品或服务，并向其推销这些产品及服务，用现在的话来说，就是促使企业进行数字化转型。

然而在谷歌期间我遭受了打击。日本大型企业的董事长及董事会成员对科技产品，尤其是数字科技并不十分了解，即便他们听说过某某技术，却不知道该如何运用到商务活动中，更无法想象它们会如何改变未来。

在谷歌的那段时间，我还做过为初创企业提供支持的工作，这让我在商业及科技领域都收获了不少知识。正因为那时的经历，我才能够胜任现在的工作。如果一味只钻研科技而不懂商业的话，那么即便你的专业知识再丰富，也无法让商务人士理解科技的妙处。

因此，我要尽我所能，为科技与商业牵线搭桥，播撒下创新的种子。

日本对GAFA以外的企业一概不感兴趣

当编辑找到我，跟我谈起这本书的构思时，我多少有些犹豫。因为我怀疑自己能否让读者真的有所获益。

实际上，世上有很多事情都是错综复杂、瞬息万变的。书店里摆

称霸未来的企业

放着很多诸如学术名人、工程师、记者、分析师等对未来进行预测的书籍，但读了这些书以后，人们往往觉得似乎少了点决定性因素，有些模棱两可。

"商业及科技真的会对人们的生活产生深远的影响吗？（能赚钱吗？）"

不管多么具有创新性的产品或服务，如果无法带来利润的话，那么它将永远无法普及。身为一名风险投资顾问，我对这一点深信不疑，同时也担心有些关于未来预测的书籍会利用一些表面现象来蒙蔽读者，进而影响他们的行动。

这本书的编辑也存有同样的疑虑。他这样对我说："我想让这本书成为读者在日新月异的世界中生存的指导手册，想出版一本真正意义上的预测未来的书籍。"因此他才找到我，跟我商量出版的事。编辑诚恳的态度打动了我，我决定勉力一试。

其实，只要有科技方面的知识，就能够对未来做出大体上的预测。因为只有科技的创新才能引发突破性的行业革新。由此诞生的新兴科技企业能够轻易带动整个行业的转型，因为它们拥有凌驾于整个行业之上的创新特质。也正因为如此，企业自身也能够在短时间内飞速成长。

GAFA本身就是如此。在硅谷，现在也仍然有很多初创企业跟随GAFA的脚步不断向前。当然，GAFA也都非常清楚这一点，为了消除对自己的威胁，它们会趁着这些初创企业尚未发展壮大，将其收购

序：2025年的世界将会由这11家公司一手掌控

到麾下，然后再将这些新的科技成果转化为新的商机，不断壮大自身实力，就好像是黑白棋中激烈的边角争夺战一般。在激烈的市场竞争中，跨行业并购并不稀奇。

GAFA时刻关注着初创企业的动向，尤其是对那些研发出连GAFA都不具备的新技术的初创企业，更是关注有加。如此一来，它们就可以掌握整个行业乃至全世界的发展趋势。

我总感觉日本对一家企业的股票市值和近期业绩过于重视了。其实这些数字及评估只能说明过去，无法代表将来。而最为重要的，恰恰是一家企业今后将会如何延续自己的辉煌。从风险投资的角度来讲，投资者们追求的绝非市值增长10倍、20倍这样的蝇头小利，而是超过50倍的颠覆性增长。

本书介绍的11家企业，早已长成或正在长成怪兽级的庞然大物。可以说，它们的一举一动都会给将来的世界带来强烈的冲击，是当之无愧的商界巨头。

如果对未来的预测有误，无法顺应时代潮流的话，即便是实力再雄厚的企业，也会被时代淘汰。其实某些企业中已经出现了这种征兆，本书也会屡次言及这种现象。

到了2025年，世界将会变得跟现在大不相同。

本书还会介绍企业及商务人士应该如何在2025年的世界中求生存，希望本书能够帮助企业及商务人士在2025年以及更加遥远的将来赢得一线生机。

本书内容

第一部分　2025 年，世界将会变成什么样

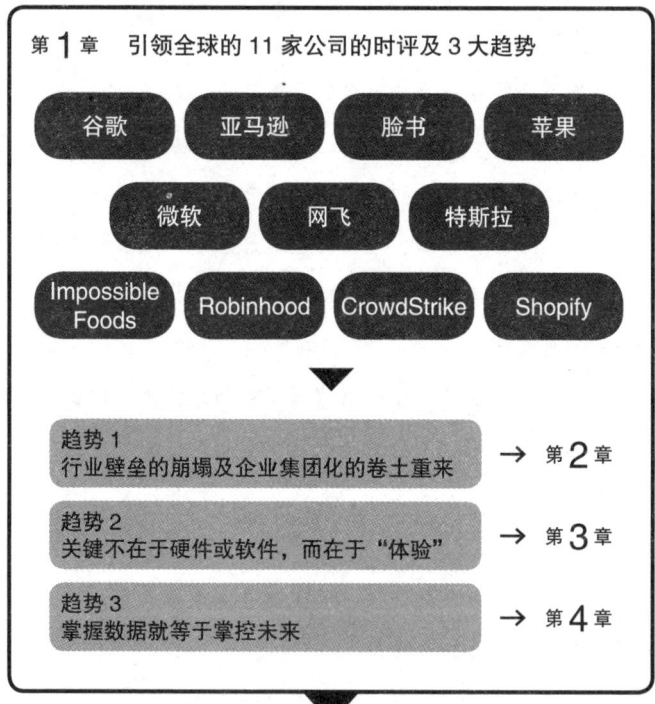

第一部分 2025年，世界将会变成什么样　　1

第1章　引领全球的11家公司的时评及3大趋势 / 3

谷歌　从搜索后的世界到"搜索前"的世界 / 4

亚马逊　Alexa将走到室外，大街小巷到处都是Alexa的身影 / 7

脸书　与2万公里外的人对话时，对方仿佛就在眼前 / 13

苹果　从视觉、听觉到嗅觉，人类所有感官都将被苹果征服 / 16

网飞　为2亿人提供符合其偏好的视频服务 / 20

微软　成为智慧城市管理系统的王者 / 24

特斯拉　不仅仅只卖电动汽车 / 28

Impossible Foods　让素食主义者也能体验到肉的口感 / 35

Robinhood　第一家免交易手续费的网络券商：让投资的门槛不再那么高不可攀 / 38

CrowdStrike　开启1亿人居家办公的新时代 / 42

Shopify　10万亿日元规模的初创企业，力压亚马逊和日本乐天 / 45

趋势1　行业壁垒的崩塌及企业集团化的卷土重来 / 47

趋势2　关键不在于硬件或软件，而在于"体验" / 51

趋势3　掌握数据就等于掌控未来 / 53

第2章　趋势1　行业壁垒的崩塌及企业集团化的卷土重来 / 55

没有主营业务的企业才能取得成功 / 56

信用卡公司及金融公司将难逃被吞并的命运 / 60

虽然是零售企业却能在疫情中稳操胜券——沃尔玛的秘诀 / 63

剧变的行业1：运输

　　无人驾驶出租车将会给轨道交通带来毁灭性打击 / 67

剧变的行业2：视频

　　迪士尼将商业化发挥得淋漓尽致 / 70

剧变的行业3：农业

　　在东京20层高的建筑内种植高级蔬菜 / 74

剧变的行业4：安全

　　新冠肺炎疫情过后日益加速的居家办公步伐 / 78

剧变的行业5：汽车

　　无人驾驶出租车将会给优步等网约车业务带来毁灭性打击 / 80

目 录

剧变的行业6：建筑

 亚马逊的智能住宅 / 85

剧变的行业7：医疗健康

 苹果的"安康中心"诞生？ / 88

剧变的行业8：物流

 快递员会将货物直接搬进你的冰箱 / 93

第3章　趋势2　关键不在于硬件或软件，而在于"体验" / 95

利润为零又有何不可？Apple Card带来的冲击 / 96

销量不佳并不意味着失败 / 99

为何合约机的协议期是2年 / 101

2025年的主流设备将不仅只有电脑 / 103

机动车的性能每隔两个月就会有所提升 / 105

特斯拉广告费为零、4S店数量为零，却能大卖特卖？ / 108

素食主义者的"任性" / 113

新冠肺炎疫情让Zoom用户激增 / 115

不用出声就能向智能音箱发出指令 / 118

智能住宅、智能城市的普及 / 120

第4章　趋势3　掌握数据就等于掌控未来 / 123

　　数据是"信息对称"的保障 / 124

　　苹果与谷歌之间的数据之争 / 126

　　硬件只是增强体验的手段之一 / 130

　　数据保有的权利应该交给谁 / 133

　　旅馆老板娘招待客人的茶点的变化 / 135

　　每分钟都在变化的机票价格 / 137

　　智能手表暴露了我们的行踪 / 139

　　基于100万辆机动车数据的"特斯拉保险" / 141

　　证券业务的个性化推荐 / 143

第二部分　跨越2025年的"延命秘籍" / 145

第5章　2025年时，几近崩溃的企业及崛起的企业 / 147

　　虽说订阅服务已经成了必然趋势…… / 148

　　订阅不等于租赁 / 151

　　不适合推行订阅服务的行业 / 153

　　中间环节的企业将面临被淘汰的命运 / 155

　　硅谷起家的b8ta——让零售行业大为改观的初创企业 / 157

目 录

2025年时，岌岌可危的8大行业 / 159

资本将不再是优势 / 165

大企业如何才能避免被初创企业蚕食 / 167

第6章　2025年时，工作该如何找 / 169

必备的5大技能和知识 / 170

身处黄昏行业的人们该如何自处 / 174

常学常新，增加自己"标签"的数量 / 175

不能一味按照个人好恶行事 / 177

结构洞 / 179

应该与什么样的人交往 / 181

后　记 / 183

第一部分 / 2025年,世界将会变成什么样

第1章
引领全球的11家公司的时评及3大趋势

谷歌　从搜索后的世界到"搜索前"的世界

谷歌接下来将怎样改变我们的生活？这种改变大到它连自己一直以来的主营业务"搜索"都放弃了。

现在，我们获取某些信息最直接的方法，就是在互联网上搜索。但如果我们在进行搜索之前就能得到想要的信息的话，我们的生活将会是何等便利呀！现在的谷歌致力于探索的，就是这样一个"搜索前"的世界。

比如说，有一位用户每周五傍晚都会上网搜索"西餐厅"，而谷歌掌握着这位用户搜索习惯的数据，于是它就能够根据这位用户的搜索习惯，在用户周五傍晚启动浏览器后，就自动向他推荐相应的西餐厅。

这项服务从技术的角度来说是完全可能实现的。这种为用户提供"经过整理可以立刻使用的信息"的服务，正是谷歌当前的使命。

除了搜索业务，谷歌还在开展其他多项业务。其中有很多项业务内容，谷歌是通过并购的手段来实现的。"搜索前"业务的开展，需要其他多项业务加以配合。

迄今为止，谷歌并购的企业数已经达到200家以上，其并购金额超过3万亿日元。这些被收购的企业有一个特点，即它们大都是成长型企业。

例如2006年并购的油管（YouTube）。当时谷歌正准备推出

第 1 章　引领全球的 11 家公司的时评及 3 大趋势

跟油管类似的视频服务，但由于油管发展迅猛，对其进行并购显然比自主开发要划得来。当时的并购金额是16.5亿美元。后来正如大家预想的那样，被谷歌纳入麾下之后，油管以爆发式增长的势头在全世界范围内普及开来。

谷歌在对安卓进行并购时，也同样引发了轩然大波。当时谷歌预测到手机市场将会进一步扩大，应该也听说了苹果正在研发iPhone的消息，意识到如果再不有所行动，就会在与苹果的竞争中败北，所以才决定收购正在开发基础性技术和服务的安卓。

第一代iPhone推出的时间是2007年，而谷歌收购安卓的时间是2005年，从时间上来看，足见其有先见之明，且其开展业务的行动也十分迅速。我在谷歌任职的时间是2013～2017年，曾经参与过油管的相关业务，因此对谷歌在这方面的商业敏感度颇有体会。

对于其他提供搜索服务的企业，谷歌也进行了积极的并购。谷歌起步虽然比雅虎晚了3年，但还是成功超越了雅虎，掌握了搜索市场的主动权。此外，它还并购了主营广告业务的美国企业Applied Semantics，对广告业务加以强化，谷歌的业务也因此迅速拓展，不仅实现了盈利，搜索业务方面的市场份额也得以迅速增长。

近年来谷歌最引人注目的动作，就是对云服务及人工智能相关企业展开积极的并购。其中最具代表性的，就是对英国一家名为DeepMind的人工智能开发企业的并购。

谷歌试图建立这样一种机制，那就是用人工智能解析各项业务中收集的大数据,从而为每一位用户提供符合其偏好的个性化服务。这一点我们可以从谷歌近年来的表现中略知一二。

另外,谷歌还有意将其业务范围拓展至自动驾驶领域。为此,它在美国亚利桑那州的凤凰城创建了一家名为Waymo的子公司,进行无人驾驶出租车的实验。

亚马逊　Alexa将走到室外，大街小巷到处都是Alexa的身影

当人们走在街上，Alexa将会成为主要会话对象

"Alexa，今天天气如何？"

目前，亚马逊的Alexa只能在室内环境使用。但在将来，Alexa及搭载Alexa系统的智能音箱Amazon Echo无疑会大放异彩。

在2020年1月的国际消费类电子产品展览会（CES）上，亚马逊展示了一款能够与加油站实现互联的Alexa产品。以前Alexa只能与室内的产品进行互联，此次的展示则将Alexa的应用范围扩展到了室外。这说明亚马逊决意扩展其业务范围，从室内走向室外，进而与城市互联，并收集相关数据。

加油站搭载了Alexa系统之后，只要说一句"Alexa，帮我支付加油费用"，系统就会自动登录你的亚马逊账户并通过信用卡支付此次费用。今后，或许我们在支付停车费时也只需说一句话，就可以由Alexa代劳。

从某种意义上来讲，Alexa已经成了我们与城市进行交互的主角。绘制这张未来愿景蓝图的，正是亚马逊。

Alexa成了我们与城市进行交互的主角以后，会是怎样一番景象呢？不仅是购物、搜索历史会被记录下来，就连我们跟Amazon Echo之间的对话，也会被当作数据保存下来。亚马逊会以这些

数据为基础，为客户提供相应的服务。诸如"某人会购买某种商品"等数据被Alexa记录下来以后，亚马逊就会向特定的人推荐特定的商品，同时也会精准地推送广告。

例如某人购买了印度旅行指南读物，由此可知他有很大概率会去印度旅行。因此，Alexa就会在他开始搜索去印度的航线、酒店及餐馆等信息之前，就已经开始向他推送相关信息了。

开展亚马逊保险业务，与既有项目形成协同效应

如前所述，亚马逊正试图将触角从零售业伸向各行各业。

最近，亚马逊还似乎有意将其触角伸向金融领域，如信贷、保险等行业。目前此项业务的对象仅限于小企业主，但相信终有一天，这项业务会向我们所有人开放。

我认为，亚马逊还会将人们的购物情况作为参考，提供信用评估服务。比如说一个人总是购买赌马杂志的话，就可以认为他存在无法及时还贷的风险。相反，如果一个人经常购买关于如何节约开销或安全投资的书籍，并且在购物方面又非常节制而有规律的话，他的信用评估就会获得较高的分值。

在保险业务方面，J.P.摩根、沃伦·巴菲特的伯克希尔·哈撒韦公司及亚马逊3家公司已经开展合作，为自己公司员工开展服务，今后可能将其范围逐渐扩展至所有人。随着可以收集人们健康信息的智能手环Halo Band的发售，其收集的相关信息极有可能被用于投保人员健康状况评估。

无论是医疗保险还是物损保险，亚马逊都有意涉足。现在医疗保险的保险费对所有人都是同一价格。将来，亚马逊很有可能会针对经常运动、患病概率较低的人群适当降低保险费。在物损保险方面，亚马逊会为自家的商品提供保险服务。

创建于2015年的美国保险初创公司Lemonade也有类似的服务，其业绩对亚马逊的保险业务来说非常具有参考价值。

虽然日本的家电仓储超市也提供类似的服务，但亚马逊的物损保险却可以做到更加细致入微，它的人工智能会根据以往的购买记录，对不同的客户及商品损坏情况进行分析，为客户提供最合理的保险服务。

恪守"顾客至上"的信条

仔细观察亚马逊的动向，我们不难发现，一直以来它都将"顾客至上"的信条贯彻得十分彻底。亚马逊创建之初只是一家网络书店，但不久以后就开始经营其他商品，现在已经成长为一家经营各种商品的电子商务平台，用"应有尽有"来形容亚马逊，可谓恰如其分。

从2003年开始，亚马逊构筑了AWS（Amazon Web Services）云系统。此时微软的Azure及谷歌的GCP（Google Cloud Platform）尚未普及，云服务的概念也尚未在日本得到充分的理解。

亚马逊构建云系统的初衷，就是为了更好地为客户提供服务，因为云系统可以让网站的运行更加迅捷、高效。当初，AWS仅仅是一个公司内部的客户分析系统，如今，AWS已然成长为市场占有率遥遥领先的云系统。另外，在研发Alexa的过程中，

称霸未来的企业

AWS的作用也是不可或缺的。用于识别并理解人类语言的智能音箱跟用于识别文本或图片的AI大不相同，因为研制智能音箱所需的科技水平与后者不可同日而语，它需要将以下两种信息的处理有机地结合起来。首先，要对人发出的声波进行识别并转化成文字，然后对文本内容进行解析，再进行自然语言处理（Natural Language Processing）。为了使Amazon Echo能进行如此复杂而规模庞大的运算，云服务是一项不可或缺的资源。

与云服务一样，亚马逊在智能音箱开发领域也处于领先地位，可见亚马逊不但有先见之明，而且丝毫不缺乏直面风险的勇气。亚马逊对待新产品的态度是，10款新产品当中有一半能够开花结果就已经足够了，它的产品来得快，去得也快。它曾在美国销售过一款名为Fire Phone的手机——在日本市场几乎不为人知，由于销量不佳在短短的1年时间内就停产了。

在日本，亚马逊非常善于取同行之长，补自己之短。亚马逊既是一家规模庞大的电商平台，同时也是一家实力雄厚的高科技企业，无论是从涉猎的广度，还是从产品数量来看，日本企业的科技力量根本无法与之同日而语。

在位于美国西雅图及硅谷帕洛阿尔托的亚马逊办公楼中，聚集着众多青年专家和技术人员，他们正夜以继日地进行着云服务、人工智能及自然语言处理等多个领域的研究。而与亚马逊从事相同研究的日本企业的研究所，其规模根本就无法与亚马逊的研究机构相提并论。如果你参观过亚马逊的这两处办公楼的话，就能立刻明白这一点。

第 1 章　引领全球的 11 家公司的时评及 3 大趋势

从 Dash Button 中窥见亚马逊的愿景蓝图

亚马逊之所以能够成长为一家科技型企业，与创始人杰夫·贝索斯的个人经历有很大的关系。贝索斯是工程师出身，自然会编写源代码。另一方面，作为经营者，他又有着"顾客至上"及"应有尽有"等明晰的愿景。为了实现这些愿景，作为一名工程师，他建设了完备的研发中心，并积极录用优秀的技术人员。

如果以"顾客至上"的视点去观察亚马逊的话，我们就能发现它有一个特点，那就是包括操作在内，处处让人感受到速度与高效。很多购物网站强调品种繁多，试图让人产生一种在逛实体店铺的快感，它们除了有购物功能，还具备一定的娱乐性。

但亚马逊却非如此。它更注重的是短时、高效、轻松购物和迅速送达。因此网站一定要简单易用，拣货、装箱等作业自然也要尽量迅速快捷。

正是因为亚马逊的不懈努力，网购商品可以翌日送达的 Amazon Prime 会员服务应运而生。虽然现在亚马逊已经终止了 Dash Button（只需按下商品上写有"Dash"的按钮便可一键购买洗涤剂等消耗品）服务，但可以说，它是亚马逊为了将自己的理念转化成现实所做的一个具体化的尝试。

就拿我之前说过的雅虎与谷歌来对比，可以发现它们也存在类似的区别。雅虎为了让自己的网站能够经久不衰，就在主页上加载了大量的信息，其中还包括不少广告。但谷歌的做法跟亚马逊不同,它力图让使用者用最短的时间找到自己想要的信息,因此谷歌的主页简洁得惊人,而且没有任何广告。

亚马逊接下来值得我们关注的,不仅有Amazon Echo这个界面接口和亚马逊保险(信贷)这两项内容,还有无人机送货及自动送货车。

脸书　与2万公里外的人对话时，对方仿佛就在眼前

脸书是由马克·扎克伯格（Mark Zuckerberg）在哈佛大学上学期间创建的，其理念自创建以来从来不曾改变过，那就是"让人与人之间的联系成为我们的办公室"。脸书将会构建一个新世界，届时即便对方身处地球另一面，我们也能轻松与之取得联系。

答卷就是脸书于2019年开始提供的Horizon服务。在Horizon的假想空间中，人们可以化身为"阿凡达"，与其他用户进行交流。

近来，人们力图加强人与人之间的联系，于是，脸书就成了人们所有生活的基点。脸书正在向成为一个超级应用努力。

从脸书对中国超级应用研发企业、东南亚版优步——Grab，以及腾讯公司开发的中国版LINE——微信（Wechat）表现出的极度关注，就证明了这一点。另外，脸书利用区块链技术开发出的虚拟货币——天秤币的日益普及，也是它正逐步实现自己愿景的明证。

如果扎克伯格当初的愿景成为现实的话，那么即便是没有银行账户的人之间也能够互相转账了。毕竟金钱上的联系也是人际关系的一种。

但现在，由于新冠肺炎疫情及政府、银行等既得利益者的反对，天秤币的普及屡屡受挫。今后脸书将如何应对，仍是我们关

注的焦点。

　　脸书作为社交媒体领域的后起之秀，通过积极的并购不断壮大自己的实力，这一点与谷歌倒是有几分相似之处。也正因为如此，扎克伯格对不断涌现出来的新项目抱着格外警惕的态度。这说明他对社交媒体行业的不确定性有着充分的了解。社交媒体业是一个变幻莫测的行业，这一点在日本社交媒体平台Mixi和GREE身上体现得淋漓尽致。常言道"物以类聚，人以群分"，现在的年轻人不愿意跟自己的父辈使用同一种社交媒体，因此Mixi及GREE等老一代社交媒体将会逐渐被LINE及脸书等取代。

　　美国的情况也是如此。脸书用户的年龄层逐渐向中年人倾斜，而年轻人则认为父辈们在脸书等社交媒体上发表长篇大论的做法过于老套，所以他们当中更多人会选择诸如Snapchat、Instagram或TikTok等新社交媒体平台。

　　扎克伯格为了争取年轻用户，于2012年斥资约810亿日元收购了Instagram（照片墙）。当时的Instagram仅有13名员工，在日本几乎没有用户。由此可见扎克伯格是多么有先见之明了。再观此后Instagram用户的增长情况我们便可知晓，这是一桩何等重要的并购案。

　　此后，脸书仍然没有停下并购的脚步。它致力于即时信息功能的改进，并于2014年收购了欧洲从事即时通信程序研发的龙头企业WhatsApp。此次并购创下了脸书自创业以来的最高并购纪录，总金额约为2万亿日元。

　　WhatsApp跟LINE一样，是一款即时通信应用，虽说在日本

第1章 引领全球的11家公司的时评及3大趋势

用户很少,但在没有LINE的欧美,却几乎所有人都在用。在英语圈,WhatsApp的用户已经超过10亿。脸书看中的正是这10亿用户。

我平时在美国生活,所以经常使用WhatsApp。它的部分功能类似于脸书Messenger,而且没有脸书账号的人也能正常使用。它用户众多,人们尤其喜欢在群聊的时候使用这款应用。

每次并购都能让脸书获得新的用户,经过数次并购之后,脸书在全球的用户已经达到26亿人之多。为了实现当初的理想,今后脸书仍然不会停止并购及开发新服务项目的脚步。

其中,脸书的Secret Crush功能成了素未谋面但却志趣相投的人互相联系的纽带,它的主要功能是为大家提供交友机会。

脸书推出了很多项带有实验性质的服务,其中进展不顺利的服务会被立刻终止,因为在它的经营理念当中有"Done is better than perfect(完成比完美更加重要)"这一条。它在脸书成长为大型企业后仍然得到贯彻执行,着实令人惊讶不已。

苹果 从视觉、听觉到嗅觉,人类所有感官都将被苹果征服

一切都以iPhone为中心

苹果已于2019年3月在美国发行了苹果信用卡Apple Card,正式涉足金融业。

由于苹果已经与万事达卡(MasterCard)结成合作伙伴关系,Apple Card作为信用卡使用起来自然是没有任何问题的。此外,Apple Card还加入了很多实用的功能,我试用后感觉非常方便,因此我相信,将来Apple Card一定会得到普及。

首先,它与Apple Pay是互通的。一般情况下单独使用Apple Pay会有1%的优惠,而通过iPhone内置的芯片与Apple Card并用的话,优惠幅度则可达到2%。如果是苹果的合作伙伴,那么优惠幅度将会进一步提高。例如在上述条件下使用优步时,优惠幅度就会高达3%。当然,购买苹果产品时的优惠幅度也是3%。

其次,iPhone内置的应用与Apple Wallet紧密结合,因此无须通过专门的财务应用进行统计,Apple Card的使用便已自动记录在案。与普通的财务应用有所不同的是,Apple Wallet会将餐费、交通费等不同消费项目用不同颜色表示出来,非常直观地告诉用户钱究竟都花在了哪里。

除此之外,苹果在设计方面总是会有独具匠心之处。Apple

第 1 章　引领全球的 11 家公司的时评及 3 大趋势

Card的设计风格不同于其他信用卡，给人的感觉是那么前卫而优雅。Apple Card由钛合金制成，不像其他信用卡那样将卡号印在卡上，给人一种高级的感觉。更让人感到惊讶的是，就连信用卡公司的徽标都为迎合苹果的风格而做了优化。

在金融领域，苹果选择与该领域的优秀企业高盛联手。高盛也有意借此机会扩大自己的市场份额。高盛是一家对市场形势变化非常敏感的公司，最近致力于帮助科技型企业进入金融市场，以幕后工作者的身份默默贡献着自己的力量。

苹果一直给人擅长做硬件的印象，究竟是什么原因让苹果决定涉足金融领域呢？当谜底揭开，苹果今后的战略意图就展现在我们眼前了——它想让iPhone成为公司的核心业务。

苹果原本是一家从事个人电脑研发业务的硬件公司。可自从iPhone问世之后，苹果毅然做出了让iPhone成为公司核心业务的决定。实际上，现在苹果有一半以上的利润与iPhone有关。

由于iPhone的问世，苹果的总市值曾一度突破200万亿日元。但最近苹果的发展势头渐缓，原因是OPPO、华为等中国企业的崛起。这些企业推出的高性能智能手机的价格仅为iPhone的一半左右，这让中国的iPhone用户纷纷转而使用它们的手机。

为了挽留iPhone用户，苹果推出了Apple Card。Apple Card颇具苹果风范，十分前卫，其精致程度远超其他公司的信用卡，充分彰显了苹果卓越的设计能力。这一切不禁让人猜测：苹果在研发Apple Card时，绝不仅仅是将它作为一种工具，而是要让用户体验到，只要将苹果的产品拿在手中，便能感受到生活的丰富多彩。苹果就是抱着这样的信念和对未来的愿景进行研发的。

苹果芯片的诞生

最近苹果致力研发的是关于人体感官的设备。无线耳机AirPods是跟听觉有关的产品，计划于2021年年底之前发布的增强现实（AR）眼镜Apple Glass，则是跟视觉有关的产品。照此来看，苹果推出的下一款产品恐怕就要与嗅觉有关了。

迄今为止，苹果在其设备中使用的半导体芯片都是其他公司的产品。但在2020年苹果全球开发者大会（WWDC）上，苹果宣布，在未来的3年内，将会研发、生产出自己的芯片。

零件的自主研发生产，尤其是芯片的自主研发生产是大势所趋。谷歌为了提升人工智能的精确度，自主研发了一款名为TPU（Tensor Processing Unit）的芯片。大型半导体厂商英伟达也有意自主研发自动驾驶芯片。

自主研发、生产，并不是说所有零部件都是如此。比如说iPhone的核心部分在日本生产，但还是需要其他厂商的协作与配合。苹果产品中不可或缺的部分，即苹果芯片，还是会由苹果自主生产或合作生产，而且苹果似乎也非常愿意为其他企业供货。

苹果正采取以iPhone为核心的战略，从其他方面的动向中也可窥一斑。苹果在WWDC和秋季新品发布会上发布了整合性服务Apple One，新公布的Apple Fitness Plus也被捆绑于Apple One上。通过Apple Watch、Apple Fitness Plus可以分析使用者的睡眠情况，提供健康方面的建议。苹果正不断对这些应用加以改进，以

第1章　引领全球的11家公司的时评及3大趋势

回馈消费者。受新冠肺炎疫情的影响，人们对健康的关注度远高于从前，这也是苹果在健康行业大力发展的原因之一。

与谷歌等企业相比，苹果在云服务及人工智能等方面并不占优势。如果苹果对这种情况听之任之，那么它与谷歌及亚马逊之间的差距就会越来越大。于是苹果就试图趁着iPhone利润丰厚之际大力发展云服务及人工智能。从这一点上，我们也能看出其以iPhone为核心的战略构想。

目前iPhone的利润率高达50%以上，如果能够借着推出新服务的契机扩大iPhone用户群体规模的话，那么苹果的利润将会非常可观。如此一来，苹果作为一家服务型企业的存在感亦将凸显出来。在我看来，苹果正在描绘着这样的一幅战略蓝图。

智能音箱的发售可以说正是苹果将这一战略付诸实施的明证。到目前为止，苹果的智能音箱除了音质比亚马逊和谷歌的同类产品稍显逊色，其他任何方面都足以让使用者心动不已。

除了这些，视频服务Apple TV+也是苹果以iPhone为中心战略的一环。

当下成长迅速的多是软件公司，因此硬件工程师大多无法在公司内发挥主导作用，郁郁不得志的人恐怕不在少数。

但如果硬件工程师来到苹果的话，肯定会被优待。虽说苹果已经成为一家服务型企业，但它仍然没有丢掉一家硬件公司的自豪感。这也的确是苹果值得骄傲的地方和优势之所在。

网飞　为2亿人提供符合其偏好的视频服务

电影及电视剧随时变换剧情的时代

近5年来，网飞有一项非常引人注目的举措，那就是尽量为每一位观众提供符合其偏好的视频服务。

较之其他视频网站，网飞更注重的并非是视频内容有多么丰富多彩，而是如何才能让观众欣赏到更加个性化的视频节目。与其让观众在数以万计的视频当中找出自己想看的视频，倒不如优化算法，从一开始就让每一位观众都能收到最适合自己的视频推送。

每个人的网飞主页面各不相同，相信用过网飞的读者都知道这一点。网飞会根据每个人的年龄、爱好及观看历史等，像一位合格的侍酒师那样，为其推荐合适的视频节目。

视频的相关说明文字及音效等，也是针对每一位用户的情况精挑细选出来的。虽然亚马逊Prime Video也有个性化推荐服务，但跟网飞比起来简直是天壤之别。

到了2025年，个性化推送功能将会被进一步优化，在观看过程中，用户的倒回、暂停等行为都会被人工智能捕捉，并分析出该用户究竟对哪一个画面或场景感兴趣。比如说该用户要是对某一男演员出现的场景情有独钟的话，人工智能就会将这一情况导入数据库。

第1章 引领全球的11家公司的时评及3大趋势

相信假以时日,网飞能够提供的服务一定会更上一层楼。即便是同一部影视作品,非但不同观众看到的结局大相径庭,就连剧情的发展也各不相同。

其工作原理大致如下:首先要摄制基础剧本,由演员演绎,摄制流程也是一如既往。再在观众观看此作品时,通过摄像头及声音采集设备采集观众观看时的反应,并加以解析。

比如说什么场景会哭,什么场景会笑,还有什么场景下会是一副无聊的表情。人工智能通过分析观众的表情,根据其喜怒哀乐续写接下来的剧情。

虽然不知道将来人工智能究竟会进化到何种程度,但现在的技术已经可以通过图形将人的动作及面部表情如实表现出来。况且今后人们观赏视频将会以移动设备为主,因此图像细节没有必要做到细致入微。

在这个基础上,不同的观众看到的剧情肯定会不尽相同。如果有100万位观众,那么就会有100万种不同的情节。在不远的将来,这一切都将成为可能。

如果将来这一切都成为现实的话,人们对话及交流的方式也一定会变得不同于以往。人们谈论的话题将不再是"今天看了某某剧"之类的,而会变成"你看到的某某剧的结局是什么样的"。人们津津乐道的,将会是剧情的不同发展方向等。

或许演员们出镜的机会会因此而减少,演员的工作将会变成出演基础剧本或配音等。但每生成一部新的剧本,演员就能拿到出演费用,这倒是跟特许经营有几分相似之处。

亚马逊Prime Video与网飞的立足点不同

在日本，有亚马逊Prime Video、Hulu及其他很多家流媒体视频服务网站，而在美国则是网飞一家独大。在美国人看来，Prime Video纯属Amazon Prime的附属品。

之所以会出现这种情况，首先是因为网飞的服务质量是其他视频网站无法匹敌的。其次还在于，网飞会推出自己原创的节目。

虽说亚马逊Prime Video也会制作原创节目，但没有一部能够像网飞的《纸牌屋》（Houses of Card）那样反响强烈。而Hulu则以播放电视节目为主营业务，其主要合作伙伴是有线电视公司，与网飞的经营理念截然不同。

甚至在全球范围内，网飞也将"为每一位观众提供符合其偏好的视频服务"的方针贯彻得非常彻底。它不会将在美国获得好评的视频直接推送给其他国家的观众，而是会与各国电视台及影视公司合作，首先了解该国民众喜欢什么样的视频内容，再在此基础上制作原创视频节目。网飞与日本富士电视台协力制作的真人秀节目《双层公寓》就是成功的典范之一。

网飞现在的总市值约为20万亿日元。迪士尼的总市值大概也是20万亿日元，但迪士尼除了视频服务，其业务内容还包括主题乐园的运营。这样一比较，相信读者朋友们对网飞的实力已经有了一个比较充分的认识。

现在，网飞俨然已经成了一家以服务客户为己任的影视制作

第 1 章　引领全球的 11 家公司的时评及 3 大趋势

公司，但它将来会朝什么方向发展呢？会继续在娱乐行业大步前行，还是会大力推行角色形象营销的商业模式呢？

我认为，无论是亚马逊 Prime Video 还是网飞，都会像迪士尼那样建设主题乐园，大力发展动画产业。对它们将来的动向，我会持续关注。

除了影视方面的动作，网飞还有一项举措非常值得人们关注，那就是通过 5G 网络对大数据加以充分利用。虽说网飞一直在利用大数据发挥着其应有的作用，但今后随着数据量越来越庞大，网飞会利用这些数据制作出怎样的视频呢？

种种迹象表明，5G 普及之后，网飞在日本的发展一定会更加引人注目。因为现在的年轻人已经基本上不看电视，而只用手机来观看视频了。

其实有些日本企业早已经洞察 5G 发展的趋势，KDDI 就是其中之一。KDDI 是第一个跟网飞取得联系，决定为手机用户提供网飞定向流量服务的通信公司。

微软　成为智慧城市管理系统的王者

Microsoft 365是微软最具代表性的产品。长期以来，微软一直以B2B商务领域的王者身份自居，今后它仍会延续当前的商业模式。而亚马逊及谷歌等竞争对手都将主要精力放在了B2C商务上。

另外值得我们关注的是，微软还有意涉足智慧城市管理系统的市场。

非政府机构的数据云端化已经是大势所趋，而现在，各国政府的服务系统也出现了这种趋势。以前，政府各部门都是各自出资构建各自的系统，但最近这些系统的云端化初现端倪。实际上，日本政府已经决定将一部分系统服务内容交由亚马逊负责。2020年秋，日本政府着手组建数据化厅筹备办公室，这是日本政府欲将其服务云端化的一个非常积极的信号。

亚马逊与微软在政府机关系统服务领域互为竞争关系。日本政府已经决定将构建政府系统服务的订单交给亚马逊；但在美国，亚马逊虽说在构建政府（美国国防部）云服务器最初阶段的竞争中取得了一定的优势，但在最终竞标时还是被微软抢走了订单。

有人认为，贝索斯之所以会在竞争中失利，主要是因为他和时任总统特朗普交恶。但我认为，在政府核心系统服务的采购过程中，价格才是决定性因素。之后，贝索斯又瞄准了其竞争对手

第 1 章　引领全球的 11 家公司的时评及 3 大趋势

早已涉足的日本市场。

云计算系统的订单不仅仅只有操作系统，还包括各种其他必要的软件，可谓商机无限。云计算系统与智慧城市的建设不无关系，微软早已经对智慧城市管理系统王者的地位虎视眈眈。

在这个没有硝烟的战场上，并不是只有亚马逊和微软两大巨头互相角逐。日本的系统服务商也在进行着激烈的攻防战。不过令人感到遗憾的是，有着强烈承包意愿的日本系统服务商却只能够承揽一些与云服务及人工智能没有什么关联的业务，在这个领域缺乏绝对竞争力。

虽然微软现在的经营状态良好，但它也曾一度业绩凋敝不振。原因在于微软第二任总裁史蒂夫·鲍尔默（Steve Ballmer）对形势的误判。鲍尔默跟微软创始人比尔·盖茨（Bill Gates）是哈佛大学的同窗，且与盖茨同届，但他所学专业不是技术，而是商务。也正因为如此，他难以对将来科技产品的走势做出合理的预测。

鲍尔默的失误一共有两次。一次是竞争对手们向用户提供免费的云服务如谷歌文档及OpenOffice等时，他却仍然坚持以售卖软件包的形式向Microsoft Office的用户收取费用。

之后他对移动终端的反应也慢了竞争对手一步。苹果手机及安卓手机问世之初，鲍尔默的态度是绝对不让微软的产品在智能手机上运行。他认为，微软的产品在电脑终端上运行就已经足够了，但没想到后来移动终端完全占据了主流地位。与此同时，云服务也逐渐兴起，电脑终端与移动终端之间实现了账号及文档的互通。这一切来得是那么迅速而又理所当然。

仓促之间，微软推出了搭载Windows系统的手机，但却为时已晚，因为此时用户已经纷纷弃微软而去了。

带领微软走出窘境的，是现任CEO萨提亚·纳德拉（Satya Nadella）。纳德拉一改鲍尔默时代固守B2B商务王者地位的方针，制定了新的服务方针：无论是移动端还是电脑端，无论是企业用户还是个人用户，都能随时随地用上开放式的设备及软件。

纳德拉推出的最具代表性的举措，就是开展订阅服务。也就是说，此前以每个10万日元左右销售的软件，今后将会以每年1万日元的价格与用户签订使用协议。如此一来，用户支付的金额跟以前虽然没有太大出入，但软件功能却能够常用常新，所以这项举措得到了用户的广泛支持。

随着微软的业绩及信誉不断攀升，不知不觉间，其股价也涨了近10倍，市值已超过100万亿日元。

从其业务上，我们也能看到微软从垄断帝国转变为开放式创新企业的决心。微软自主开发了Xbox游戏机，并且收购了《我的世界》及《辐射》的制作公司。近年，微软还与索尼建立了合作伙伴关系，此外，微软还开发了极具独创性的个人电脑Surface。本书序言中提到的混合现实头戴式显示器Hololens，也是微软正在着手开发的一个项目。微软还计划推出一款搭载安卓系统的双屏智能手机。

但凡力所能及之处皆尽力为之。可以说，微软这种经营策略，与以电子商务为中心，同时大力发展软件服务业务的亚马逊

第1章　引领全球的11家公司的时评及3大趋势

如出一辙。

我认为微软拥有极具价值的软件，这些软件必将在手机等设备上得到广泛应用，从而使人们的生活变得更加便利。微软不沉迷于过去的辉煌，在自我否定的过程中展望未来的远见，同样也给了其他企业很大的启示。

特斯拉　不仅仅只卖电动汽车

比城市轨道交通快2倍、便宜40%的无人驾驶出租车逐渐普及

特斯拉CEO埃隆·马斯克提出的超回路列车（Hyperloop）的构想，着实吸引了很多人的目光。他的这个设想源于美国政府以高速铁道系统替换掉旧有的低速铁道系统的计划，当初计划使用的是磁悬浮列车。

现在磁悬浮列车的速度约为每小时500公里，十分惊人，甚至将来有望提速到现在的2倍，即每小时1000公里。这跟飞机的速度不相上下。

超回路列车的秘诀就在于其隧道式的结构。不同于传统的隧道，超回路列车的隧道就像是一条真空管道，能减少空气摩擦带来的阻力，提高车速。在2020年12月，超回路列车在美国内达华州已经首次进行了搭载乘客的测试。

如果超回路列车能够在东京和大阪之间所谓的"钱箱子线路"上建成通车的话，对于日本传统铁道公司来说，恐怕会是一个很大的打击吧。

退一步来讲，抛开超回路列车的影响不谈，未来的轨道交通业态也会发生很大的变化。

因为在不久的将来，无人驾驶出租车一旦普及开来，轨道交

第 1 章　引领全球的 11 家公司的时评及 3 大趋势

通的需求将会锐减。其实这也是意料之中的。从日本浦安到六本木乘坐轨道交通工具的话大约费时45分钟，票价为350日元。但如果乘坐无人驾驶出租车的话，只需用时25分钟，花费210日元，人们乘车时无须走到车站，花的钱也比乘坐轨道交通少，而且行车路线是两点一线，不用任何操作，无人驾驶出租车就能带你到达想去的地方。有了无须忍受堵车之苦的无人驾驶专用线路，较之轨道交通，乘坐无人驾驶出租车自然要方便许多。

特斯拉并不仅仅是一家卖电动汽车的企业

特斯拉是一家卖电动汽车的企业，或许有很多人都这样认为。但我觉得，特斯拉绝不仅仅是卖电动汽车这么简单。特斯拉的CEO马斯克指出，特斯拉的使命是解决能源问题、空气污染问题及防止地球变暖等环境问题，而电动汽车只不过是解决问题的手段罢了。

"电动汽车是大势所趋，所以我们公司也要推出电动汽车。"很多汽车厂商生产电动汽车是以追求商业利润为目的，这种想法简直是大错特错。

马斯克为了实现自己勾勒出的愿景蓝图，在电动汽车以外还推出了一项名为Powerwall的项目，特斯拉日本公司也于2020年正式启动了该项目。该项目的主要内容就是为用户安装光伏组件及为用户提供充电业务，此外还提供光伏组件的租赁业务。光伏组件的安装费用免费，每组光伏板的租金为5000日元，而平均每月发电量按照市价计算为6000日元，如此算来，每组光伏板每个月可为客户节省1000日元。

如果光伏组件产生的电力都用来给特斯拉电动汽车充电的话，就解决了之前所说的能源问题。这个项目的初衷就在于此。

此外，针对交通拥堵中产生的二氧化碳及额外能源消耗的问题，马斯克也开始积极着手解决。这的确是一个很值得重视的问题。马斯克的想法是，可以在地下挖掘隧道，借此来缓解交通拥堵。

马斯克生活在美国洛杉矶，他之所以会产生这样的想法，是因为洛杉矶的交通拥堵现象特别严重。目前他的计划进展顺利，连接洛杉矶与另一个城市的隧道已经大体完工。隧道内修建了适合机动车通行的各种设施。人们只需通过类似电梯的设施将机动车移动至地下，然后把剩下的任务都交给自动驾驶，就可以顺利抵达目的地了。

多亏这条隧道，原先要花1个小时的路程，现在只需10分钟便可抵达，大大减少了能源的浪费。该隧道由The Boring Company施工建造，有兴趣的读者朋友可以在网上搜索特斯拉电动汽车在这条隧道内行驶的视频。

埃隆·马斯克就是特斯拉的制胜法宝

特斯拉的优势正是它的CEO马斯克。马斯克精通与科技相关的各个学科，对科技发展的趋势也十分了解，因此他非常清楚录用什么样的技术人员才最能发挥公司的实力。有很多曾经服务于美国国家航空航天局（NASA）等政府部门的优秀人才不断被他纳

第 1 章　引领全球的 11 家公司的时评及 3 大趋势

入麾下。只要有实力、有干劲，马斯克就会把他们安排到适合的岗位上，从不介意他们的年龄。特斯拉现任首席财务官（CFO）就是一位三十多岁的年轻人。

特斯拉跟孙正义领导的软银有几分相似之处，那就是它们采取的都是自上而下的经营管理方式。

特斯拉的创始人其实不是马斯克。马斯克之所以能够入主特斯拉，完全是因为他在PayPal金融服务中的营利能力及高明的经营手法引起了当时特斯拉高层的注意。

作为硬件生产厂家，从规划、生产、销售到资金回笼，需要一个很长的周期，经历资金回笼之前的各个流程时，厂家都会处于资金短缺的状态。入主特斯拉之后，马斯克在PayPal赚的100亿日元很快就见了底。

因此，马斯克决定实施一系列加快资金回笼的措施，除了加快工厂的自动化进程，他还计划推出减配车型，将当时价格为1000万日元的车型减配至500万日元。工厂的自动化改造并不像想象中那样一帆风顺，不过他没有放弃，而是住进了工厂，废寝忘食，竟然靠手工打造出了一款新的车型——Model 3。正是因为有了Model 3，特斯拉才得以进入快速成长期。

通过观察马斯克的所作所为，我们发现，与其说他是在全心全意为顾客服务，倒不如说他所做的一切都是为了实现他规划的愿景蓝图。在这个过程当中，除了充分运用自己的学识，他锲而不舍的精神更加令人钦佩。

由于地球人口过多，人类将移民火星，而要前往火星，火箭是必不可少的，所以马斯克又创立了一家名为SpaceX的企业。当然，前往火星时使用的火箭也采用了类似特斯拉的自动驾驶技术。

汽车行业的领头羊

我也是特斯拉的车主，而车型就是前文介绍过的Model 3。如今Model 3的销量呈爆发式增长态势。

Model 3的销量之所以如此惊人，首要原因在于该车型的理念与宣传都十分出色。此前的电动汽车都只是一味强调如何有利于环保，特斯拉的电动汽车在环保方面很出色，但除此之外，这款车还在节能、汽车性能及设计方面下了很大的功夫。

通过实际驾乘特斯拉电动汽车就能感受到，首先，它给人的第一印象就是外观十分前卫，它的设计偏向运动车型；其次，就是它的性能卓越，尤其在加速的时候，燃油车是无法与之相比的。

帅气、高性能、有利于环保，还有500万日元左右的价格。此前醉心于宝马、奔驰等高级进口车的年轻人大都被特斯拉的宣传口号所吸引，将自己的爱车换成了Model 3，与当初丰田普锐斯刚上市时，在美国热销的盛况一般无二。

跟当年丰田普锐斯刚刚上市时一样，好莱坞的名流们纷纷将自己的爱车换成了特斯拉电动汽车，这也是特斯拉越来越受人们欢迎的原因之一。

特斯拉依靠这样的口碑传播，现在购买从预定到交车大概需

第 1 章 引领全球的 11 家公司的时评及 3 大趋势

要等待数月之久。

由于特斯拉从预定到交车需要等待数月的时间，所以我还买了一辆燃油车，因此我十分清楚两者之间究竟有何差别。特斯拉是如此舒适，以至于我对那辆燃油车彻底失去了兴趣。这几个月的等待并不白费。随着各国政府推行禁售燃油车计划，电动汽车将成为不可或缺的交通工具。

特斯拉的半自动驾驶功能也十分方便，虽说我的燃油车也具备此功能，但其精确度却不能与特斯拉相提并论。当我使用燃油车的半自动驾驶功能时，总是觉得不如特斯拉便于操作，虽说车子没有偏离道路，但能明显感觉出这一功能的灵活程度远不及特斯拉。

特斯拉半自动驾驶的灵活程度则与自己开车时一般无二，其灵活便捷不仅表现在方向盘的操纵上，就连踩油门和刹车的时机也恰到好处。因此我开特斯拉行驶在高速公路上时，总是会切换至半自动驾驶模式。切换后几乎不用进行任何操作，特斯拉就会帮我把车开到高速公路的出口。

为什么二者之间的差距会如此显著呢？根本原因在于特斯拉秉持的设计理念与传统汽车厂商存在本质不同。传统汽车厂商的想法是在车辆上安装电脑来实现汽车的智能化，而特斯拉的想法却完全相反，它的做法是在电脑上装上车轮。

这样的设计理念决定了特斯拉在软件方面也十分优秀。特斯拉驾驶席周围根本就没有仪表盘，取而代之的是触屏面板，车内设计也十分简洁，绝对没有一丝累赘，这一点倒是跟苹果的产品有几分相似之处。谷歌原CEO埃里克·施密特（Eric Schmidt）曾经有过这样一番发人深省的话："汽车和电脑问世的顺序应该倒过来才对。无论出于何种考虑，给电脑装上4个轮子才是最合理的。"实际上，特斯拉之所以能给人如此舒适的驾乘体验，就是因为它不是以机械的方式去控制油压，而是靠软件控制刹车等操作。

　　车体过于庞大或车主只是进行短时间驾驶的话，自动驾驶的魅力将会大打折扣。也许就是出于这个原因，特斯拉电动汽车在日本的普及率并不高。今后特斯拉会何去何从，让我们拭目以待吧。

Impossible Foods 让素食主义者也能体验到肉的口感

在美国有很多素食主义者,也有很多专门为素食主义者准备的特殊菜单。素食主义者拒绝吃肉,最主要的原因是他们不愿看到动物因此被杀。但其实他们也觉得肉的口感简直妙不可言。于是,能否生产出一种味道和口感都与真正的肉一般无二的替代品,就成了素食人群关注的焦点,而Impossible Foods就是一家能够生产肉类替代品的初创企业。

该公司产品的原材料是大豆。只要实际品尝一下它的产品,我们就能发现这款人工肉的口感与真正的牛肉别无二致。人工肉不仅好吃,价格也低于真正的牛肉。除此以外,在饲育肉食牛的过程中会排放出带来温室效应的气体甲烷,而人工肉在生产过程中则不会产生甲烷,因此大豆肉又是一种环保产品。

Impossible Foods的举动引发了人们的普遍关注,甚至有人认为它会引发食品行业的巨大变革。

大豆肉之所以价格低廉,根本原因是其生产成本远远低于牛肉的生产成本。牛肉的生产周期,从牛犊到出栏最少需要3年,而Impossible Foods的产品原料则是大豆,只要有原料,就可以在短时间内加工成成品。当然,生产大豆也需要花费一定的时间,但比饲育肉牛的时间要短很多。

称霸未来的企业

人工肉中没有添加对人体有害的化学调味剂，而且也有一定的营养价值。也正因为如此，人工肉在美国非常受欢迎。现在除了Impossible Foods，还有一家名为Beyond Meat的企业也在生产人工肉。Beyond Meat已经上市，其股价涨势迅猛，目前市值已迫近70亿美元。

Impossible Foods如今已经成长为一家估值约为100亿美元的"独角兽"企业，市场也给予了其极高的评价。

除了人工牛肉，Impossible Foods很有可能还会生产其他的人工肉。现在该企业已经开始生产人工猪肉，并宣布将会推出人工猪肉制作的炸猪排。我相信，Impossible Foods以后一定会开发出人工鸡肉、人工金枪鱼肉等产品。

随着Impossible Foods不断发展壮大，肉制品深加工企业、生猪生牛饲养企业及渔业等肯定会受到很大的冲击。进一步来讲，食品流通的各个环节也一定会受到波及。总之，Impossible Foods一定会引发一场食品行业的变革。

在红酒及威士忌行业也出现了类似的企业。其中我最看好一家名为Glyph的初创企业。生产红酒及威士忌时，通常需要贮藏一段时间，才会使酒味变得更加回味悠长，Glyph正试图使用科技手段来解决酒类在生产过程中需要长时间发酵的问题。

我也喝过Glyph的产品，说实话，味道其实并不怎么样。回顾Impossible Foods的成长历程，其创业之初的产品也远不如现在这么好吃。因此我们有理由相信，数年之后，Glyph很有可能会跟随Impossible Foods的步伐，能够在30分钟之内就生产出30年陈酿威

第 1 章 引领全球的 11 家公司的时评及 3 大趋势

士忌。大概也正是因为意识到这一点,日本企业三得利曾经筹划要对Glyph实施并购。

Robinhood 第一家免交易手续费的网络券商：让投资的门槛不再那么高不可攀

让金融科技业发生剧变的"独角兽"企业

Robinhood是由美国的保加利亚第二代移民、斯坦福大学数学专业毕业的弗拉德·特内夫（Vlad Tenev）及印度第二代移民拜住·巴特（Baiju Bhatt）于2013年共同创建的网络券商。投资者可使用与公司名同名的App进行投资。

有"金融科技业一流'独角兽'企业"之称的Robinhood，推出了"免交易手续费"的政策。这一举措无疑是创新性的，在当时绝无仅有，吸引了不少十几二十岁、没有丝毫投资经验的富裕阶层子弟入场投资。

操作简单是Robinhood最大的特色。使用Robinhood App进行投资操作跟用智能手机玩免费游戏时的感觉差不多。它不仅免除了交易费用，为了吸引用户，它还决定向每一位用户赠送1股特斯拉的股票（当时市值约为每股1740元）。这一举措让Robinhood的用户呈爆炸态势增长。

如此具有创新性的举措也让金融科技业发生了翻天覆地的变化。Robinhood的飞速成长让美国最大规模的网络券商嘉信理财（Charles Schwab）产生了危机感，并于2019年10月宣布免除交易手续费。继嘉信理财之后，其他网络券商如E*TRADE、盈透证券

第1章 引领全球的11家公司的时评及3大趋势

（Interactive Brokers）、德美利证券（TD Ameritrade）等网络券商纷纷效仿，宣布免除交易手续费。

区区一家公司的一次创新，就改变了整个行业惯例，也让人们的生活发生了剧变。现在美国的年轻人就像玩游戏一样，通过使用Robinhood使自己的资产不断增加。相信在未来的5年内，这股投资的热潮也会在日本兴起。

迄今为止，证券交易途径有两种：亲自去证券交易所进行交易或通过网络券商进行交易。通过网络进行交易自然比面对面交易方便不少，但注册时往往要填写、邮寄合同及申请表等文件，手续极为烦琐。

Robinhood则省去了这些烦琐的过程，只需在智能手机上就能完成所有的手续。不仅如此，服务正式开始后，用户通过手机就可以完成交易及结算。

由于Robinhood是一款手机专用App，而且从开发阶段就针对手机用户进行优化，所以即便其他网络券商也推出手机应用，但使用方便程度与Robinhood相比较也会有天壤之别。进行实际操作是感受其便捷程度的最佳途径。Robinhood的用户界面（UI）十分简洁，按键操作也简明顺畅，就像我之前反复强调的那样，人们在通过这款App投资时，就跟玩游戏时的感觉差不多。

Robinhood还支持数字货币交易，跟其他交易一样，数字货币交易在手机上就可以完成，因此喜欢新鲜事物的人非常喜欢Robinhood。

Robinhood是靠什么样的商业模式实现盈利的

Robinhood的服务基本上是免费的,如果不开通某些细节性的服务的话,几乎不会产生费用。Robinhood付费会员的人数仅为用户总数的10%左右,而且内植广告也不是很多,它究竟是靠什么实现盈利的呢?又是什么原因使得大多数的用户可以免费使用呢?

这全是因为Robinhood的交易策略配置得当。

比如说,我通过证券交易平台购买特斯拉的股票,一般的证券公司肯定会在东京证券交易所等大交易所购买,但Robinhood却并非如此,它会从摩根士丹利或高盛那里购买。而摩根士丹利或高盛出手部分股票后,会付给Robinhood相应的费用。它采用的就是这种商业模式。

Robinhood还发行了借记卡,因此我们有理由认为,将来它极有可能发展成为一家综合性的资产管理公司。尤其是现在美国人几乎不使用现金,他们甚至不必办理银行卡,只要登录Robinhood就可以购物了。我认为,为了能够向人们提供支付类服务,Robinhood下一步会收购支付服务提供商或逐步拓展相关业务。

日本尚未出现类似的金融服务,因此Robinhood极有可能不失时机地登陆日本。日本和美国的情况类似,此类服务拥有绝对的发展空间。但如果Robinhood登陆日本的话,日本本土的大型证券商一定也会开展此类服务。如此一来,Robinhood必然会在自己的传统业务上遭遇劲敌,所以它可能会在是否进军日本市场的问题

第1章 引领全球的11家公司的时评及3大趋势

上踌躇。

日本的资产管理科技服务公司WealthNavi及THEO等公司虽然启用了智能投资顾问,实现了投资理财的自动化,但由于提供的是收费服务,不同于Robinhood的免费服务。因此,Robinhood能否登陆日本、如果登陆日本会以怎样的方式开展业务,这些对于我们来说,都是值得关注的焦点性问题。

CrowdStrike 开启1亿人居家办公的新时代

在新冠肺炎疫情的大背景下,究竟有多少家企业能够实现居家办公呢?设施相对完善的大企业还好说,但多数企业无力构建VPN(虚拟专用网络),甚至不具备基本的病毒防御能力,网络安全情况着实堪忧,无奈之下其员工只能前往公司办公。现状就是如此。

能够解决网络安全方面企业瓶颈的,目前只有CrowdStrike。导入CrowdStrike系统之后,企业就可以放心地让员工把电脑带回家了。如此一来,实现"1亿人居家办公"指日可待。

VPN及杀毒软件是网络防火墙的组成部分。当下,依靠网络防火墙来保障网络安全是业界的共识。

随着远程办公的不断普及,远程办公手段也从以前单一的电脑办公逐渐演化为使用手机、物联网设备等多设备办公,防火墙之类的安全措施渐渐无法满足网络安全的需要了。进行远程办公要安装相应的杀毒软件,即便软件会经常更新,但其能够提供的保护毕竟有限。

CrowdStrike保障远程办公网络安全的构想是这样的:传统杀毒软件并不是针对我们现在的网络环境而研发的,既然如今我们的设备几乎无时无刻都处于联网状态,那么为什么不通过云服务来保障网络安全呢?

说得具体一点就是,CrowdStrike会无时无刻地对用户的在线

第 1 章　引领全球的 11 家公司的时评及 3 大趋势

状态进行甄别，当CrowdStrike的云服务器认为某款软件需要进行安全更新时，就会立刻为其进行更新。如此一来，以前公司内外之间的网络壁垒便在一瞬间消失得无影无踪了。相信将来，CrowdStrike还会将指纹认证等物理安全措施导入到其服务当中。

这样，使用私人电脑及智能手机办公时的安全问题就全都迎刃而解了。BYOD（Bring Your Own Device，自带办公设备）也就成为可能。

能够使用自己惯用的设备办公，对于员工来说，带来的是工作效率提升的好处；对于企业而言，除了可以削减经费支出，也可以不必分神去管理分配给员工的电脑了。

其实利用云服务器监测终端设备状态的做法早已经不是什么新鲜事，但拥有此项技术的公司却没有几家。而且新冠肺炎疫情暴发之前，客户企业并没有意识到自己会有这种需求，能够想到提供此类服务的企业也屈指可数。CrowdStrike了不起的地方就在于，它把这一设想变成了现实。

就像我之前说过的那样，所有企业都可以订阅这种服务，需要的只是一台电脑和每月900日元的订阅费用。也就是说，即便是资金极为匮乏的中小微企业，也能使用这种服务。

1分钟发现病毒，10分钟分析完毕，60分钟完成修复

CrowdStrike的创始人是一名工程师，曾经在迈克菲（McAfee）任首席技术官（CTO）之职。大概是因为在迈克菲任职时就已经意识到传统杀毒软件的局限性，所以他才决心从零开始创建新架构吧。他的举动可谓是突破行业藩篱的创新。

远程办公的兴起加速了CrowdStrike的普及。很多美国人放弃了使用已久的传统安全软件，转而使用CrowdStrike，这种现象在远程办公盛行的企业中表现得尤为明显。2018年CrowdStrike上市，现在其总市值约为5万亿日元。新冠肺炎疫情的暴发，令其企业价值倍增。

CrowdStrike已经进入日本市场，索尼、竹中工务店及万代南梦宫娱乐都已计划逐步导入CrowdStrike系统。

CrowdStrike查杀病毒的速度颠覆了人们对杀毒软件的认知，使用CrowdStrike系统，只需一天的时间便可完成整个病毒查杀的过程。它推出了"1-10-60"标准，即CrowdStrike系统可以在1分钟之内发现病毒，在10分钟之内完成对该病毒的分析，并在60分钟之内处置完毕。

无疑，安全软件的云端化将会是今后的发展趋势，而CrowdStrike已经走在了时代的最前端。

安全软件与黑客之间的较量从来不曾停息过。CrowdStrike已经发展壮大，而且今后肯定会推出新的服务项目，但2025年的安全软件究竟会发展到何种地步，我实在无法想象。CrowdStrike作为一家有远见的网络安全服务商，正致力于研究基于云计算的安全进程自动化问题。也就是说，今后它依然会披荆斩棘，勇往直前。

Shopify　10万亿日元规模的初创企业，力压亚马逊和日本乐天

在风险投资界，Shopify算得上是一家知名初创企业，但在日本却鲜为人知。

Shopify的主要业务是研发和帮助其他企业运营购物网站，具体包括网页制作、结算机制调整、销售情况分析及其他相关内容。企业想要开展电子商务业务，如果没有相关的专业知识是行不通的，但现在一切都可以由Shopify代劳，企业方面需要准备的只有电脑及需要上传的图片等。

这一商业模式决定了行业内部必然会有很多竞争对手，但如果特点鲜明的话，例如，使用手机端也可以随心所欲地购物，那么这家公司就能够迅速成长起来。Shopify最初创立于加拿大，现在在美国及欧洲各国也设立了分支机构。由于新冠肺炎疫情的影响，政府号召人们尽量减少外出，这使得Shopify的业务量有所增长。

随着Shopify的崛起，很多企业开始脱离亚马逊及日本乐天等大型电商平台，比如路易威登及迪士尼等已经宣布终止与亚马逊的合作，转而与Shopify合作，借以进一步充实自家的电子商务网站。

Shopify现在的总市值约为1800亿美元。而本田等传统日本企业的市值约为5万亿日元（约441亿美元），仅为Shopify的1/4左

右。Shopify的市值已经超过三菱商事及软银集团，对于一家2004年创业的初创企业而言，能够发展到如此规模，着实不易。

Shopify已经与世界规模最大、销售额世界第一的连锁超市沃尔玛建立了合作伙伴关系。沃尔玛2018年度的总销售额为56万亿日元，几乎全部都是实体店铺的销售额。我认为，此次合作中沃尔玛应该居主导地位，目的是与亚马逊相抗衡。

诸如此类的合作应该不会仅此一次，今后一定还有其他企业跟Shopify建立合作伙伴关系。此类合作将加快Shopify的成长步伐。至于它会发展壮大到什么程度，我们拭目以待。

在日本，像Shopify这样为中小企业提供技术支持的企业与日俱增，但像Shopify一样能够提供高质量服务且颇受欢迎的企业，仅有BASE一家而已。

BASE也跟Shopify一样，选择了跟日本的超市联手。还有一点跟Shopify很像的是，它也因为新冠肺炎疫情的暴发，其总市值一度突破3000亿日元。到2025年，它们究竟会发展到什么程度呢？我会对照Shopify的情况，对其保持关注。

那么，Shopify会进军日本吗？沃尔玛是西友百货的股东，Shopify很可能会趁与沃尔玛合作之机进军日本，但为西友构建电子商务平台的却又是亚马逊。其中的关系错综复杂，着实值得我们关注。

按照这样的发展趋势，到了2025年，Shopify不仅可能会与西友百货构建起电商平台，更有可能成为构建日本电商平台的领军企业。从现在的形势判断，上述推测极有可能变成现实。

趋势1　行业壁垒的崩塌及企业集团化的卷土重来

通过上面的分析，我们已经掌握了将来5年内对全球经济影响力巨大的11家企业的大体情况。结合这11家公司的动向，我认为将来全球经济会有三大趋势。

第一个趋势是"行业壁垒的崩塌及企业集团化的卷土重来"。简而言之，就是将来的企业会像以前的大财团一样从事跨行业经营，这会使得企业的规模日渐庞大。为什么会出现这种现象呢？

> 将从某项业务中获取的数据及经验应用于其他项目，就会产生协同效应。

这种趋势会越来越明显。

说起综合性企业，估计老一代人都会想起通用电气（GE）、索尼等企业，而且对它们的发展历程耳熟能详。这些企业无一不是靠生产硬件产品起家，后来又涉足软件、金融、房地产乃至娱乐等行业，直到今天在发展的道路上屡屡受阻，无法按照原来的方式增长了。

相信一定会有很多人觉得企业的集团化是垄断，是罪恶，但在此我要强调的是，如今的"集团化"与传统意义上的集团化有所不同。

传统意义上的集团化指的是，企业将在某一行业积累的资本运用到其他行业上，即以分散投资思维经营，从而使企业不断发展壮大。因此，企业在决策时还要考虑当时什么行业能够盈利，这有点像风险投资。

而前文所提及的11家企业的集团化，所有项目都跟数据紧密相关。虽然它们的经营项目涉及多个行业，但它们在多个行业中使用的，是同一数据库中的数据。

现在的集团化与传统意义上的集团化的区别不止于此。传统意义上的集团化是从硬件领域向软件领域扩张，而现在的集团化则正好相反，是从软件领域向硬件领域扩张。无论是以上哪种情况，紧锣密鼓的并购总是不可避免的。谷歌在增强自身移动通信方面的实力时对摩托罗拉发起的并购，就是很有代表性的一个例子。

日本企业多以硬件厂商为主。在这样的世界经济大格局下，日本企业恐怕很难实现快速成长。

那么，硬件生产商无法收购软件公司的原因究竟是什么呢？又是什么原因让软件公司能够轻易突破行业壁垒的阻隔呢？

确切来说，硬件生产商并不是无法收购软件公司，关键在于即便它们完成了对软件公司的并购，也会出现很多隐忧。硬件生产商的管理层丝毫不了解被纳入麾下的软件公司的技术及技术人员的情况，因此难免会出现优秀人才不断流失的情况。

而软件公司对硬件生产商发起并购，其目的多在于获得硬件厂商的专利及知识产权。拿前面提到的谷歌收购摩托罗拉的案

第1章 引领全球的11家公司的时评及3大趋势

例来说，完成对摩托罗拉的收购之后，谷歌便解散了其大部分机构，而只保留了跟专利有关的部门。这种现象在从前的企业集团化过程中极为罕见。

那么，究竟是什么原因让软件公司能够轻易突破行业的壁垒呢？

秘密就在于云服务和订阅服务的兴起。

这两点是软件公司能够轻易突破行业壁垒的主要原因。

所有软件都需要有电脑、智能手机等硬件的支持才能运行，因此即便开发出优秀的软件，能够提供优质的服务，如果没有性能优异的硬件的话，这款软件产品也无法普及，所以硬件可以说是软件的依托。

但是，云计算的出现，使得软件的运行不再过分依赖电脑及智能手机等终端设备的性能。也就是说，硬件的使命将不再是进行复杂的运算，而只需将数据传输至云服务器便可。如此一来，硬件的性能就变得没有那么重要了。可以说，云计算把我们带入了一个只需接入互联网，就可以涉足任何行业的时代。

智能音箱就是一个很好的例子。我们在向智能音箱发出声音指令时，终端设备（硬件）其实只负责处理很小一部分的信息，我们的声音通过互联网传至云服务器，经过AI的分析后又将指令传回至智能音箱。说得极端一点，智能音箱只不过是一个盒子罢了。

今后，将会出现软件公司不断突破行业的壁垒，从而呈现集团化的发展趋势。这也就是说，今后只从事某一单一行业的企业，将极有可能被上述11家企业所淘汰或吞并。

  通过上面的论述，我们可以得出一条结论，那就是上述11家企业在主营业务收入领跑整个行业的同时，其自身也会不断朝着集团化、规模化的方向发展。如此一来，它们的优势将会越发明显。

趋势2　关键不在于硬件或软件，而在于"体验"

还有很多企业同样拥有开创未来的实力。它们之所以能够突破行业壁垒，还有许多其他方面的原因。在它们的思维当中，硬件跟软件根本就没有本质性区别。

它们注重的是使命和理念。

比如亚马逊始终坚持把顾客放在第一位，它非常注重顾客的购物体验，服务质量自然会更上一层楼。

例如，我们正在亚马逊上购物时，系统自动向我们推荐了包子，这是亚马逊根据我们经常在便利店购买包子的行为而自动推荐的。但一个劲儿向顾客推荐包子的话，很难算得上是让顾客享受到了美妙的购物体验，所以亚马逊还会根据数据库中顾客的其他行为，为其提供个性化的服务。总之，它时刻想着的就是如何才能为顾客提供最优质的服务。

自己的一举一动都被当成大数据来使用，或许有些人会因为这种情况而十分不悦，但如果只要同意提供数据，购物就能享受10%优惠的话，那就可以考虑了。何况，这些数据的安全性都是有保障的，不会外泄。商家收集到的数据越多、越完善，就能为顾客提供更加优质的服务。关于数据的问题，本书后文还会详述，但有这么多的实际好处，还有保密协议作为保障，应该有很多人会愿意接受这样的条件吧。

就在不久以前，人们还对性能优越的硬件趋之若鹜，都想把高品质的软件安装到自己的设备上，那时顾客对企业的要求不外乎如此，但在将来，顾客追求的无疑是好的使用体验。

谷歌今后的发展方向也将以增强用户体验为主。前文"搜索前的世界"讲述的就是这一事实。现阶段谷歌的任务和目标是让使用者在输入关键词之后，以最快的速度获得最佳的搜索结果。

到了2025年，相信谷歌还会更进一步。通过对使用者的个人情况及搜索历史等数据进行分析，说得夸张一点，只要使用者一打开谷歌的主页，他想要搜索的内容就会出现在他的眼前。

再说在数据的应用方面，只要不是针对某一特定个人使用的话，就不存在侵犯隐私的问题。当我正在写这本书的时候，谷歌宣布说只收集用户最近一年半的数据。人的喜好总是在不断变化的，大概谷歌认为只收集最近一年半的数据，就能够为用户提供最优质的服务了吧。

对于用户来说，看到谷歌能够如此开诚布公，拒绝向其提供数据的人数应该也会有所减少。一旦人们享受过最上乘的服务，恐怕就会对如此便捷的生活体验难以割舍了。

将来，这11家企业在人们生活中的地位一定会越来越重要。

趋势3　掌握数据就等于掌控未来

亚马逊是出于何种目的而开设了没有实体收银台的无人商店Amazon Go呢？除了在购物网站上收集信息，它还想深入人们生活中收集相关信息。其中不仅包括人们在Amazon Go的消费轨迹，还包括我们驾车、乘坐轨道交通工具时的情况，乃至日常生活中的方方面面。因为这其中蕴含着无数个企业与顾客之间的接点。

其实不仅仅是亚马逊，随着行业壁垒的崩塌，将来的企业都会向集团化的方向发展，而且随着硬件及软件的概念变得越来越模糊，服务和体验将会成为企业在发展时关注的焦点。

要想顺应时代潮流，就一定要尽可能收集各行各业，尤其是本行业的相关数据。没有数据的支撑，一切努力都将是徒劳的。正因为如此，各大企业才会拼命收集数据，并迫不及待地对这些数据进行解析。

例如，亚马逊早已开发出能够自动收集数以亿计客户信息的算法，而且还开发出了能够自动将收集到的数据加以运用的系统。前文介绍的Alexa就是一个很好的例子。亚马逊已经宣布决定让Alexa走向室外。现在很多业务都是通过Alexa运行的。这样做的主要原因是让顾客感觉更加方便，同时也能节省人工开支，而另一个隐藏的重要原因就是可以收集顾客的行为信息。相信在不久的将来，为我们提供服务的将不再是人类，而是Alexa。

未来，集团化是大势所趋，任何一种数据对于企业而言都是

称霸未来的企业

必不可少的。即便是现在看来派不上什么用场的，或看似跟公司业务没有什么关联的数据，也是如此。就像是刑警在侦破案件时不放过任何线索一样。在微观经济学中，这被称为"信号传递模型"，该模型的提出者迈克尔·斯宾塞（Michael Spence）还凭借这一理论成为2001年诺贝尔经济学奖得主。

喜欢或讨厌什么食物、头发的颜色、头发是多是少、是否喜欢小动物、是否饲养猫狗等宠物、每天出去散几次步等，都有可能会是有用的信息。比如说，某企业通过其他渠道得知某位客户对信托投资非常感兴趣，与其盲目地把精力放在对投资没兴趣的人身上，倒不如先找出对投资感兴趣的人，再有的放矢，这样签约成功的概率会提高很多。

像这样在集团内部实现数据共享，尽一切可能有效利用数据，减少不必要的资源浪费，整体收益率才会不断攀升。这一切的运作在将来都会是极为平常的事情。

以前也有些企业动过对数据善加利用的念头，但却由于隐私及技术方面的问题没能实现。现在有了云服务，在众多数据专家的努力下，这一构想终于成了现实。

另外，由于企业的集团化，数据调用方面的顾虑也不复存在了。数据灵活运用带来的协和效应将会成为人们今后关注的焦点，而无法做到这一点的企业，则极有可能被上述11家企业收入囊中。

第2章

趋势1　行业壁垒的崩塌及企业集团化的卷土重来

没有主营业务的企业才能取得成功

当亚马逊和苹果决定进军金融界的时候，相关企业大概都大吃了一惊吧。实际上，当它们决定冲破行业壁垒的时候应该是没有半点犹豫的，因为它们根本就没有什么所谓的主营业务。

随着时代的变迁，世界上不断涌现出新的技术及新的服务。对于企业而言，关键是要跟上时代的步伐，至于这些技术和服务属于何种行业、何种领域，其实都不重要。亚马逊和谷歌已经意识到了紧跟时代步伐的重要性。相反，如果限定了自己的主营业务内容并拘泥于此的话，那么这家企业肯定会停滞不前。总之，企业必须时刻做好应对形势变化的准备。

比如说，在人工智能之类的新科技领域中，即便是暂时的领军企业，也极有可能在短时间内土崩瓦解。而击溃它们的往往是一些名不见经传的初创企业，尤其是最近，此类事情时有发生。

奥林巴斯（Olympus）[①]宣布退出它为之奋斗了84年的照相机市场。在此之前，为了与竞争对手相抗衡，它也曾不遗余力地不断改进产品性能，但这恰恰成了它的掣肘。让这家企业停滞不前的，正是智能手机上的相机。将来，类似的事情一定还会频频发生。

---

① 创立于1919年，是日本乃至世界精密、光学技术的代表企业之一，事业领域包括医疗、影像、生命科学产业。——译者注

第 2 章　趋势 1　行业壁垒的崩塌及企业集团化的卷土重来

亚马逊原本以电子商务为主营业务,现在它又多了一个"云服务"。网飞是靠出租DVD起家的,而现在的主要业务则是流媒体和视频制作。此外,它还引进了人工智能技术,为突破行业壁垒进行着不懈的努力。

谷歌也已经突破了行业壁垒,但其九成左右的收入仍然来自搜索广告收入,其今后的发展将成为人们关注的焦点。微软也在转型,它现在的主营业务仍然是Office相关服务,但到了2025年,它的业务内容又会发生怎样的变化呢?届时即使其业务内容与现在毫无关联,也不足为奇。

SpaceX也毫不在意行业壁垒的存在,这是一家非常有代表性的具有集团化倾向的企业,业务内容不仅仅是建设宇宙通信网络系统,还致力于研发火箭。而在此之前,人们普遍认为私营企业是完全没有能力进行火箭研发的。另外,SpaceX还顺应近年来的科技发展潮流,在研发方面取得了突破性进展,在火箭上搭载了人工智能系统,直接结果就是实现了火箭的循环利用。如此一来,火箭的发射成本骤减至原来的1%。

Adobe:东山再起的老牌企业

除了GAFA,还有些企业也突破了行业的壁垒,取得了很好的业绩。

其中最引人注目的要数Adobe。有一段时期,Adobe也曾饱受"大企业病"的困扰而濒临破产,但自2011年起推出订阅服务后,它的业绩竟然渐渐有了起色。经过一段时间的发展,现在其总市值约为3000亿美元。

Adobe原本是一家以靠销售PDF、Photoshop、Illustrator等软件及其相关产品为业的软件公司。自从将人工智能导入产品之后，其对象客户就变成了专门从事图像及插图处理工作的专业人士。现在该企业将主要精力都放在了这项业务上。

2018年，该企业将原公司名Adobe System更名为Adobe。我认为此番更名的意图很明显，那就是要告诉世人，Adobe公司今后为人们提供的不仅仅是软件服务，而是会将业务范围扩展到各个领域。

更改公司名称的企业并非只有Adobe一家，苹果也曾借iPhone发售的契机，将公司原来的名称苹果电脑公司（Apple Computer）改成了苹果（Apple）。它更改公司名称的意图跟Adobe一样，都相当于是主营业务变更的宣言。

同样，索尼（Sony）也将其公司名改成了索尼集团（Sony Group Corporation）。它改名的目的大概就是宣布索尼从此要走多路并举的路线吧。

曾遭到对冲基金"血洗"的索尼是一个传统意义上的集团化失败的例子。但现在它重整旗鼓，成功实现了集团化。索尼现在以金融为核心业务，并不失时机地发展游戏业务，而且业绩喜人。

索尼为什么会做出如此转变呢？原本索尼是一家硬件厂商，并以其在这一领域取得的成就为傲，硬件工程师在索尼的地位举足轻重。但也正是因为如此，它限定了自己的业务范畴。

第2章　趋势1　行业壁垒的崩塌及企业集团化的卷土重来

现任社长吉田宪一郎意识到这样下去情况不妙，降下了硬件厂商的大旗，并以金融为中心，开启了新一轮集团化的征程，索尼的业绩也因此逐渐有了起色。

索尼的改革跟迪士尼一样，在坚定原有的世界观、价值观及理念的基础上，逐步实现企业的集团化。"让好奇心和科技把幸福带给人们"，这就是它们的理念。

以后索尼会有怎样的举动，我们不得而知。但现在，索尼算得上是突破行业壁垒、实现集团化的成功案例之一了。

在因改变主营业务而发展起来的企业当中，软银算得上是一个较具代表性的例子。最初它以销售软件起家，入股雅虎后开始进军搜索服务。后来它又转战手机业务，而现在，它则是一家投资公司。各项业务紧密配合而形成的协同效应，使整个集团获利颇丰。软银集团之所以能够突破行业壁垒，成功实现集团化，孙正义的领导才能在其中发挥的作用不容小觑。

另外，还有很多企业正在为突破行业壁垒而陷入苦战。其中有被视为制造业样板的通用电气，还有曾经以尖端科技为傲的IBM。原本IBM的主营业务为销售硬件及服务器。由于与其主营业务有冲突，IBM没能及时搭上云服务这班车。后来它进军软件行业，推出了沃森（Watson）人工智能系统。但由于沃森过于机械死板，不具备深度学习（Deep Learning）功能，故此在市场上的表现可谓是不尽如人意。

由于形势所迫，IBM不得不变。将来企业的发展未必都是一帆风顺的，也会有像IBM一样处境极为不利的企业。

信用卡公司及金融公司将难逃被吞并的命运

到了2025年,信用卡公司及金融公司极有可能被GAFA吞并,这是由于实体信用卡的需求量减少,电子结算不断普及造成的。到那时就再也不需要在店里设置能读卡的设备了,而这些设备都是需要成本的。

其实已经有人做过相关调查,当被问及如果信用卡和智能手机必须放弃其中之一,你会做出什么样的选择时,几乎所有人的回答都是信用卡。因为只要手里有智能手机,就能解决结算的问题。

当然,信用卡公司及金融公司对这种情况不是没有察觉,也知道如何应对,但执行时却又犹豫不决,因为它们还不想放弃现在仍然能够盈利的商业模式。信用卡公司的利润来源就是信用卡结算时的手续费,其多寡因商家而异,大抵上在4%～6%。当客户使用信用卡结算时,如果商品价格是1万日元,信用卡公司就会有400～600日元入账。

目前,VISA、MasterCard、Amex等大型信用卡公司在全球范围内开展此项业务,每一个瞬间都有巨额的手续费进入信用卡公司的账户。实际上,信用卡公司每年的结算手续费收入约为2万亿日元。目前VISA的总市值约为47万亿日元,Master的总市值约为34万亿日元。由此可见,这个行业的市场究竟有多么庞大。

第2章 趋势1 行业壁垒的崩塌及企业集团化的卷土重来

信用卡公司之所以迟迟不付诸行动，其实还有另外一个原因，那就是数据应用方面的不足。数据应用是GAFA的长项。由于数据方面的高级人才及技术等都被牢牢把持在GAFA手中，因此信用卡公司即便想要主动转型，在电子商务及互联网广告等业务方面也存在无法自主研发的难题。

那么像GAFA那样，通过并购行业内部的初创企业来解决技术方面的难题，是否可行呢？与其靠降低手续费的手段与智能手机结算相抗衡，并购初创企业倒不失为一个可行性较强的办法。

其实MasterCard早已经有所行动了，那就是前面提到过的Apple Card。与其被GAFA吞并，倒不是棋先一招，与苹果联起手来跟其他信用卡公司抗衡。与此同时，高盛也采取了行动，详情在前文中已经有所交代，就不再赘述了。我认为，无论是MasterCard还是高盛，它们的决策都是非常明智的。

苹果与MasterCard及高盛联手的举动，早被谷歌看在眼里。其实不仅仅是谷歌，很多初创企业在网络支付方面也早已经轻车熟路，它们与金融公司合作的消息已经不再是什么新闻了。

从企业规模及历史来看，无疑是信用卡公司会更胜一筹，但在技术方面，以GAFA为代表的互联网企业明显占优。信用卡公司逐渐被GAFA所吞并，将会成为未来的一种趋势。

VISA是奥运会及足球世界杯等世界级大型体育活动的赞助商，但在将来，GAFA则极有可能成为此类活动的首席赞助商。其实谷歌已经成为2020年东京奥运会的赞助商之一。

称霸未来的企业

　　这种现象不仅发生在金融领域，物流、娱乐、健康、汽车，任何一个行业无不是如此。固守传统经营模式的大企业，有朝一日终将被GAFA及其他数字技术强悍的初创企业所吞并。

虽然是零售企业却能在疫情中稳操胜券——沃尔玛的秘诀

受新冠肺炎疫情的影响,日本零售业遭到了沉重的打击,一些商家因疫情暂停营业,已经到了走投无路的地步。即便是售卖日用品的超市等,也因为缩短营业时间、保持安全距离等措施,客流量大减,从而营业额大减,情况十分严峻。几乎所有的店铺及企业的情况都是如此。

但在零售行业当中,也有些企业非但营业收入没有受到影响,其股价还出现了上涨的情况。

沃尔玛就是如此。无论从历史还是规模上来讲,沃尔玛都算得上是大型跨国企业。从其入股TikTok的举动来看,沃尔玛的商业嗅觉十分敏锐,而且行动也十分迅速。

2006年前后,正当亚马逊发展势头迅猛之际,沃尔玛开始着手准备发展网络超市。它在硅谷设立办公室,大力招纳数据分析及电子商务方面的人才,同时积极收购同行业初创企业,更与前文提及的Shopify建立了合作伙伴关系。

通过并购的手段补己之短的并非只有GAFA,老牌企业也纷纷效仿。如此一来,大型老牌企业也都像GAFA一样,拥有了尖端科技及服务。

一些小型零售企业对进军电子商务市场始终抱着犹豫不决的态度,它们担心一旦开展电子商务服务,就会与自家的实体店争夺客源。

但沃尔玛则不这么考虑，它认为，只要能够对实体店善加运用，就能为顾客提供不同于以往的新型服务。就这一点而言，沃尔玛的转型算得上是摒除旧有观念、突破行业壁垒、走向成功的典型案例了。

沃尔玛的经营模式跟亚马逊有几分相似之处。实际上，它就是把亚马逊当成了自己的竞争对手。在批发商处进货，再卖给消费者，这才是传统意义上的零售。而沃尔玛重视的不是形式，它时刻考虑的是如何才能满足顾客的要求。

开展订阅服务正是它将这一想法落到实处的明证。每年支付98美元的会费，除了能享受购物折扣，还有各种附加服务，更能够体验到购物的乐趣。

储物柜服务也是如此。当我们在美国境内的沃尔玛购物时，就会看到门口设置了很多储物柜，这些储物柜中放着我们在网上订购的商品。这样一来，顾客无须进入店内，就可以把自己中意的商品带回家了。

亚马逊通过各地仓库将商品配送到顾客手中，而沃尔玛则通过实体店将商品送到顾客手中，这一点亚马逊是无论如何也做不到的。就这一点而言，沃尔玛的优势不言而喻。

沃尔玛不会死抱着旧有的商业模式不放。在新冠肺炎疫情期间，它的这种做法给人们留下了深刻的印象。由于情况特殊，在相当长一段时期内人们无法去电影院享受观影的乐趣，于是沃尔玛就想到了一个既能保持社交距离、又能享受观影乐趣的办法，

第2章 趋势1 行业壁垒的崩塌及企业集团化的卷土重来

那就是开设汽车影院。在这个想法的驱动下,沃尔玛超市的停车场就成了汽车影院,这既满足了人们观影的需求,又体现了它的服务理念,对沃尔玛的品牌塑造无疑有极大帮助。

沃尔玛的理念十分明晰。它要让顾客体验到无与伦比的购物乐趣。这听起来似乎很简单,但实际上并不容易,不过只要做到的话,顾客自然就会蜂拥而至。

我也用过沃尔玛的App。App界面制作得十分精致,而且使用起来也非常顺手,让人完全看不出这是一家拥有悠久历史的企业所开发的。说实话,刚开始接触这款App的时候,我对一家传统的零售企业居然能做到如此地步,着实大吃一惊。它虽然是网络超市,但顾客也可以在上面购买生鲜食品。至于取货方法,前面已经介绍过,这里就不再赘述了。较之亚马逊,这种取货方法似乎更加简便、快捷。

沃尔玛算得上是传统企业通过数字化转型提升自我价值的典型范例了。可以预见,冲破行业壁垒的沃尔玛今后还将会继续拓展其业务范畴。

例如先前说到的储物柜业务,在以后我希望沃尔玛不是将商品放到储物柜中,而是能够直接将商品放到顾客汽车的后备厢里。或者说也可以学习亚马逊,将商品配送到顾客停在自己家门前的汽车后备厢里。当然,亚马逊的这项服务尚处于测试阶段。

这两家企业总体的动向就是,亚马逊从线上发展到了线下,沃尔玛则是从线下发展到了线上。两家企业的理念都是"顾客至上"。沃尔玛以亚马逊为竞争对手,因此只要亚马逊开始某项服务，沃尔玛就一定会跟进，开展与其相似的服务项目。

今后，这两家规模庞大的企业之间的竞争究竟会以怎样的方式展开呢？到了2025年，又会是怎样的一种局面呢？

剧变的行业1：运输　无人驾驶出租车将会给轨道交通带来毁灭性打击

在第1章中，我已经介绍过关于The Boring Company的业务内容。马斯克计划建设更多类似的基础设施，而且他的构想已经在美国的拉斯维加斯和中东地区付诸实施，那就是超回路列车。如果让这种时速1000公里的悬浮列车，及比轨道交通工具性价比高许多的无人驾驶出租车普及开来，轨道交通的需求一定会大大减少。

轨道交通的班次锐减一定会导致该地区公交车数量不足，但我认为要解决这一问题，只要在原铁道沿线增加适当数量的公交车即可。我们回顾一下船舶运输的历史，就可以做出预测：轨道交通也必将走上船舶运输的老路，那就是被用于运送笨重的数量较多的物资，或改造成豪华游轮。目前已经有豪华游轮投入使用了。

如果乘坐轨道交通工具的人数减少，那么车站也就失去了其应有的价值，与之相伴地，车站周边的商业价值也会锐减。诸如"车站周边的房地产价格绝对不会暴跌"之类的想法在将来也极有可能将不再普遍。与此相反，随着无人驾驶出租车的普及，即便是在郊外也能很容易叫到车，郊区的房地产价格则很有可能因此上涨。

而另一边，航空公司的情况也不容乐观。国内航线因为受到超级高铁的冲击,乘客人数肯定会骤减。至于国际航线,马斯克已经宣布了用火箭代替客机的计划,如果这一计划能够成功,从东京到纽约只需花费40分钟,这将会从航空公司那里抢走不少客户。

马斯克的这些举动,无疑会让轨道交通及航空行业发生翻天覆地的变化。

针对来自马斯克的跨行业挑战,全日空早就做好了准备,毕竟航班数锐减对全日空来说简直是灭顶之灾。它开发出了一款可以远程操控的阿凡达型机器人,这款机器人是专为经常出差的商务人士量身定制的。全日空希望凭借这款机器人实现转型。

这似乎是自掘坟墓,但最重要的恰恰是这种自我挑战的思维。以前,它就是靠两架直升机白手起家的。

全日空是一家非常具有挑战精神的企业。凭借这两架直升机,它向拥有多架喷气式飞机的航空界巨头日本航空发起了挑战,并且成效卓著。

全日空的"阿凡达"项目早已启动,此番之所以能够成为众人瞩目的焦点,是因为新冠肺炎疫情的暴发。

除了全日空的改变之外,其他从事旅游产业的公司也有类似的动态。

香川县的一家客车出租公司不是去想着如何出租客车,而是推出了"客车在线游"项目。

其实很多实现转型的企业都陷入了进退维谷的境地,因为如果新业务发展顺利的话,那么旧有的业务势必会受到影响。为求

第 2 章　趋势 1　行业壁垒的崩塌及企业集团化的卷土重来

生存，企业都会有一份业务存续规划（BCP），为20年乃至30年后可能出现的情况做好准备。

此次的新冠肺炎疫情让人措手不及，但在一定程度上，对于某些企业来说算得上是一种助力。

剧变的行业2：视频　迪士尼将商业化发挥得淋漓尽致

新冠肺炎疫情促使整个行业加速发展

除了第1章中提及的11家企业以外，还有很多企业也成功完成了集团化。迪士尼便是其中之一。

迪士尼是从经营主题公园和动画制作起步的。后来，它开始售卖动画的周边产品，又推出了3D服务，这才逐步向多元化方向发展。它的信条跟亚马逊一样，那就是尽可能满足顾客的需求。

迪士尼集团内部有一个共识，那就是无论什么行业都要把满足顾客的需求放在第一位。迪士尼完全明白，对于企业而言，什么才是头等大事，那就是在经营过程中也能够严格恪守"顾客优先"的原则。所以我们有理由认为，纵然将来在残酷的竞争中胜出的企业寥寥无几，迪士尼也将会是其中之一。

GAFA已经开始涉足视频产业。亚马逊的Amazon Prime Video、谷歌的油管、脸书的Instagram，这些GAFA的视频服务的共同之处是什么呢？那就是高度人工智能化的推送服务。这些推送服务将会收集用户的使用习惯，分析他们的偏好，推送更加个性化的内容——视频、网页，甚至购物链接等。

比如说到了2025年，我们在Amazon Prime Video上看到电影中女演员的服饰不错，就可以一键购买。脸书也在Instagram上推出了类似的购物服务。到了2025年，这些智能推送服务完全有可能

第 2 章　趋势 1　行业壁垒的崩塌及企业集团化的卷土重来

进化成像上面介绍的那样。未来的世界就是如此。

视频产业的发展远比我预想中的更加迅速。在此之前，视频会议软件并不为大部分人所青睐，但如今已被广泛应用于远程办公当中。

这是由于疫情期间的封闭管理，使得人们对视频服务及居家娱乐需求增加，这些需要加速了这一行业的发展。

人工智能，尤其是跟图像解析技术密切相关的深度学习功能的精度在此期间更是取得了长足进步。由此看来，原本应该2025年才能实现的事情，现在，很多都已经变成了现实。

如今人们利用Zoom等会议软件进行商业交流的频率，也较以往有了更大幅的提升。人工智能会对你交流时的视频进行解析，然后告诉你什么样的表达方式、什么样的表情才能给对方留下好印象。如果在营销过程中使用这一功能的话，签约的概率一定会大大增加。

笑星、歌手及偶像派明星进行在线直播时也是如此。人工智能会告诉他们究竟什么样的动作及表情能让他们更受欢迎。通过人工智能对视频的解析，就可以知道什么样的表情及动作会让观众更容易"投币"，演艺人员无疑会从中受益。人工智能已经让这一切成为可能。

让沟通变得更加顺畅的服务层出不穷

让沟通变得更加顺畅，是未来视频服务的发展方向，例如Zoom的虚拟背景功能。

称霸未来的企业

资生堂也正在研发一款名为TeleBeauty的应用。用户在使用TeleBeauty进行视频会议时,即使没有化妆,也可以让对方看到自己整洁的面容。

照此发展下去,也许在未来,即便我们没有特意准备服饰和发型,镜头另一端的我们看起来也是仪表堂堂的。甚至可以大胆猜想,在未来的视频会议中,哪怕我们刚刚起床、没洗脸、没梳头,身上只穿着一件T恤衫,在镜头的另一端,我们看起来也会是西装领带、发型整齐。

但仅仅是这样还远远不够。因为与对方进行远程交流时,有些人根本不知道是应该看着摄像头,还是看着屏幕上对方的影像。

在一般的对话场景中,人们本应当一边观察对方的表情,一边与对方交流,可这样一来,对方屏幕上自己的目光又显得很不自然。虽然目前尚没有企业推出这种视线修正的服务,但以科技的发展速度来看,未来做到这一点是完全不成问题的。

这方面的需求无所不在,像资生堂这样能够从中发现商机,并以此突破行业壁垒的做法,意义重大。

同时这也给了生产耳机、音箱等在线通信设备的企业一线商机。比如说,可以有这么一款音频集中性很强的音箱,使用者即便没有佩戴耳机,声音也能精准地传到他的耳边。或者与此相反,生产出一款3D环绕音效非常出色的音箱,能够为使用者带来一种对方就在身边的现场体验。在2025年,这些产品很可能会上架销售。

第2章 趋势1 行业壁垒的崩塌及企业集团化的卷土重来

同时AR、VR、MR头戴设备或眼镜产品也备受人们关注。微软开发了一款名为Hololens的MR设备，人们在进行远程交流时，带上它之后就会产生一种对方就在自己身边的感觉。

现在Hololens的价格高达数十万日元。那么AR及VR设备能否利用其价格优势，率先普及开来呢？

关于VR设备的应用，就像在本书开头所预测的那样，脸书的Horizon社交平台跃跃欲试，其服务质量届时将会成为人们关注的焦点。此外，其他企业也将充分调动它们所具备的技术、服务力量，在这一领域各显神通。让我们拭目以待吧。

视频产业界另外一个焦点就是，吉卜力及任天堂是否也会像迪士尼那样推出周边产品及3D服务呢？

日本的动画产业界及游戏产业界，以吉卜力及任天堂为代表，可以说早已走出日本，走向世界。

它们对动画及游戏的理解是独树一帜的，能够让它们的理念成为现实的，并非是动画和游戏本身，而是观众及玩家的大力支持。换言之，只有动画和游戏的世界，对它们而言是不完整的。

近日，日本环球影城将在园内开放新游览区"任天堂世界"。之后任天堂世界还会在美国佛罗里达州、好莱坞及新加坡的环球影城建设新园区。2022年，"吉卜力主题公园"也将在名古屋开园。任天堂世界及吉卜力主题公园，将成为视频产业界冲破行业壁垒的基础与起点。

剧变的行业3：农业　在东京20层高的建筑内种植高级蔬菜

一般来说，农村的广袤空间才是农业大展拳脚的地方。但在不久以后的2025年，情况或许会不同于今日，因为将来，农产品的产地将会是最靠近消费者的地方——城市。

如果这一设想能够成为现实，那么农产品的运输成本将会大幅降低，而消费者也能购买到更加新鲜的食材。届时，农产品的生产将会呈现出两极分化的态势，即高级品牌及稀缺农产品的生产会更加专业，而廉价、消耗量大的普通农作物则仍由身在农村的农民大规模生产。

美国已经有一家企业将我上面描绘的未来画卷变成了现实。一般，草莓的糖度在7～8度左右，可在纽约附近有一家名为"Oishii Berry（好吃的草莓）"的企业，它生产的草莓平均糖度可以达到15度，其中一些甚至超过了20度。"好吃的草莓"真是名副其实呀。

它栽培草莓的地方是在与纽约相邻的新泽西州的办公室里，这里简直就是草莓工厂。一直以来，纽约地区很难培植出高质量草莓，所以有很多人愿意出高价收购这家公司。

我认为将来Oishii Berry很有可能会进军日本市场，例如，在东京市中心建造一栋20层高的农产品生产专用大厦，在里面种植像草莓之类的高级农作物。这些收获的农产品可以卖给高级餐厅

第2章 趋势1 行业壁垒的崩塌及企业集团化的卷土重来

或高档超市。

Oishii Berry的经营者是一名毕业于加州大学伯克利分校的日本人，因此它进军日本的可能性很大。

随着农业自动化普及和数据应用进程的快速发展，数据分析软件及人工智能也都参与到了农业生产当中。

虽然现在农民还在凭借自己的经验进行播种、除草、施肥、收割等作业，但在将来这些以人工为主的作业也会逐步实现数据化、效率化。

无人机喷洒农药及洒水的工作在农业自动化中发挥着举足轻重的作用。如果在无人机上搭载人工智能，那么所有的作业将不再需要人工干预，这有望进一步降低生产成本。而通过对无人机获取的信息进行分析，掌握好收割的时机，还能进一步提升收割的效率。

至于GAFA是否会进军农业，我认为最有可能进军农业的是亚马逊。这是因为亚马逊创建了自有品牌"AmazonBasic[①]"，对于自家农产品上架的问题，亚马逊无须多虑，它只需将农产品加入到AmazonBasic序列中便可。我们完全可以描绘出这样一幅图画：某一地域对优质哈密瓜有大量需求，那么亚马逊就会效仿之前说到的草莓工厂，建设一家哈密瓜工厂，进行针对性地供给。届时亚马逊牛奶、亚马逊草莓以及亚马逊哈密瓜等农产品将会纷纷出

[①] 亚马逊于2009年推出的自营品牌，无固定类目，更像是一家几乎什么都卖的杂货铺。——译者注

称霸未来的企业

现在市场上。

或许亚马逊会选择与农民合作进行生产，若干小型农业法人的加入，不也正是另外一种形式的集团化吗？GAFA将若干小型农业法人纳入其麾下，我认为这种事完全有可能发生。例如，亚马逊已于2017年收购了一家名为"Whole Foods Market"的高级食品超市连锁店企业。这说明它对各个地域的食品需求情况已经了如指掌。

将来可能还会出现一家较具特色的农企，那就是小松制作所。说得更确切一点，这是一家林业企业。小松制作所[1]开发了这样一套系统：在采伐木材时，它会利用安装在采伐机械上的摄像头扫描树木的状态，再将采集到的信息迅速上传至云端；人工智能对这些信息进行解析后，就能快速估算出其市场价格。目前这套系统已投入使用。

这意味着，在采伐木材的那一瞬间，人们就已经知道了它的价格。发展至此，我认为这可能已经是农业等第一产业的最终形态了。

再比如说渔业。只要应用了类似的系统，那么鱼被捕上来的那一瞬间，通过船上搭载的摄像头进行分析，立刻就能知道这条鱼价值几何。如此一来，就再也不需要筑地批发市场[2]上那些独具

---

[1] 成立于1921年，全球最大的工程机械及矿山机械制造企业之一。——译者注

[2] 筑地市场是位于东京都中央区筑地的公营批发市场，是日本最大的鱼市场。2018年年初，根据日本政府规划，此市场已搬迁至新址。——译者注

第 2 章　趋势 1　行业壁垒的崩塌及企业集团化的卷土重来

慧眼的经纪人来定价，软件和人工智就足以胜任这项工作。

另外，人工智能还能自动提示采摘下来的农作物的新鲜度。这样，农产品就可以直接从生产者手中送到零售业者乃至消费者手中。目前农业已经出现这种趋势，而且正在加速发展。

剧变的行业4：安全　新冠肺炎疫情过后日益加速的居家办公步伐

较之从前，网络安全的形势已经发生了很大的变化，从前的安全手段已经无法适应当前的状况了。一直以来，杀毒软件是保障网络安全的主要手段，它的工作原理就是将其认为存在威胁的文件列入黑名单，当黑名单里的文件侵入电脑时，杀毒软件就会发出警报。这也就是说，只要是没有被列入黑名单的变种病毒就可以畅通无阻地侵入我们的电脑，据说有70%的病毒都可以轻松绕过杀毒软件，这是十分令人担忧的。

还有一种安全防护措施是借助VPN来实现的。这种方法不依靠软件，而是通过一个远程虚拟的安全网络环境来实现。即使使用者是在自己家里，只要他接入VPN，那么VPN就可以保护他免受病毒的攻击。

由于新冠肺炎疫情的影响，使用远程办公的人不断增加，使用VPN的人数自然也就多了起来。

但VPN存在一个致命的缺陷，那就是接入VPN的设备一旦被病毒感染，那么整个VPN就不再安全了。由于远程办公人数的激增，VPN账号数量不足、现有设施安防措施不完善等问题就逐渐突显出来了。

其实无论是杀毒软件还是构建VPN安全网，都存在被攻破的风险。实际上，本田、索尼、三菱电机及防卫省的供应商等企业

第 2 章　趋势 1　行业壁垒的崩塌及企业集团化的卷土重来

和机构的网络安全都曾经出现过问题,新闻上此类事件也是层出不穷。

另外还存在一个更严重的问题,那就是如果遭到网络攻击的话,只依靠传统的安全手段,恐怕要在几天甚至几个月之后才能发觉,这是因为传统的防御手段无法有效探知是否已经遭到攻击。不知不觉间,损失在不断扩大。以往,当人们发现网络被黑客入侵,都是在仓促之间临时组建网络安全小组来应对,再通过电话确认各部门遭受损失的情况,但就在人们制定应对策略的同时,损失又再次扩大了。

针对这种情况,CrowdStrike抛弃传统的防御策略,推出了新的。前面已经介绍过,这里就不再赘述了。正是因为CrowdStrike营建了一套无须使用VPN的防御策略,无论是网络安全领域还是人们的生活,都发生了翻天覆地的变化。

剧变的行业5：汽车　无人驾驶出租车将会给优步等网约车业务带来毁灭性打击

关键词：自动驾驶

巨头企业进军汽车行业的道路上，应用了人工智能技术的自动驾驶发挥了关键性作用，其中我最为关注的就是"无人驾驶出租车"。

有统计表明，世界上有95%的汽车平时都处于闲置状态，停放在车库或停车场，这造成了极大的浪费。于是巨头企业运用自动驾驶技术，将处于闲置状态的汽车作为出租车使用的想法便应运而生了，这就是无人驾驶出租车。

从削减开支的角度来看，无人驾驶出租车的意义重大。有人驾驶的出租车的费用，七成都是人工费用。这也就是说，无人驾驶出租车的出现将会大幅降低乘车费用，以前花700日元才能到达的地方，乘坐无人驾驶出租车的话只需200日元。这个项目除了将减少闲置车辆的浪费，同时也会大幅减少乘车费用，真可谓是一举两得。因此，无人驾驶出租车未来普及的可能性很大。

巨头企业的行动早已说明了一切，最先采取行动的是特斯拉。特斯拉原本就是一家汽车厂商，它自己生产汽车，还拥有众多客户，在发展无人驾驶出租车的业务时具备优越的条件。

谷歌旗下的子公司Waymo也开始进军出租车行业。不过它的

第2章 趋势1 行业壁垒的崩塌及企业集团化的卷土重来

出租车并非是完全自动驾驶,它的车辆虽然也是自动驾驶,但车上还有驾乘人员。这可能与目前它提供的是机场的送迎服务有关。

亚马逊也于2020年6月20日收购了一家名为"Zoox"的企业,加快了进军汽车行业的步伐。其实此前的Zoox由于新冠肺炎疫情的影响,已经暂停研发,其总市值也由最高时的3000亿日元暴跌至1000亿日元,早已对汽车行业虎视眈眈的亚马逊看准时机收购了Zoox。

亚马逊会先将它的自动驾驶技术用在自己的物流服务上。届时无人驾驶技术不仅会搭载在卡车上,还会应用在无人机上。一旦实现了自动化,不仅物流成本会大幅削减,这位物流行业先驱者"顾客至上"的服务宗旨也必将执行得更加彻底。

在物流行业中,发生交通事故几乎是不可避免的。事故发生后,司机不得不面临巨额的赔偿,单从这一点考虑的话,物流自动化、无人化的优点不言而喻。但我认为,亚马逊不会止步于此,还会将自动驾驶技术应用于无人驾驶出租车或其他相关业务上。

苹果也已经有所行动。此前虽然传出苹果汽车研发中止的消息,但并没有确切的报道,称苹果会因专注于自动驾驶技术而放弃汽车的研发。另外,它在加利福尼亚进行自动驾驶实验时,使用的机动车必须要申请牌照才允许上路,而且在此之前,需要解决的事还有很多。所以目前,关于苹果在汽车及自动驾驶技术研发方面的动向,尚有很多不明朗之处。但我认为,汽车行业最大的商机，莫过于苹果"最佳出行方案"的构想了。

或许其他企业也有意进军汽车行业，又或许它们发现了其他商机，这一点我们不得而知。

索尼也推出了它的最新出行工具，在2020年1月发布了搭载了灵敏度极高的CMOS图像传感器的新车型"VISION-S"。

在其他行业看来，汽车产业与娱乐产业的关系密切，这两项产业的结合简直就像是聚宝盆。相信今后仍会有其他企业不断加入汽车行业的竞争。这绝对是一个明智的选择。

伴随着无人驾驶出租车的普及，有人驾驶的网约车的竞争力将大打折扣。优步及其同行对此非常警觉，这也是优步急于研制出无人驾驶出租车的主要原因。优步的网约车在日本以外的发达国家早已经不是新鲜事物了，因为优步的网约车进军日本的时间较晚，所以日本的网约车较之其他发达国家落后了一大步。

威胁到优步的不仅仅是无人驾驶出租车，还有新型冠状病毒。疫情在优步的网约车发展得如火如荼时突然发难，简直让人猝不及防。因为不知道之前乘客的情况，所以搭乘网约车可能导致感染新冠肺炎病毒的风险增加；加之网约车司机并非是正规出租车公司的员工，他们是普通私家车主，所以很难保证对车辆进行彻底消毒：这些事实无疑极大打击了优步在日本的发展。其实不单是优步，其他的共享服务也都因为疫情遭到了沉重的打击。

只要具备自动消毒功能，即便新冠肺炎疫情永远不会消失，无人驾驶出租车的前景也仍然是一片光明。

第2章 趋势1 行业壁垒的崩塌及企业集团化的卷土重来

汽车厂商将面临被淘汰的命运

优步被淘汰以后,随着无人驾驶出租车的普及,汽车的数量也将比现在大幅减少。按照前文所述,如果现在有95%的汽车处于闲置状态,那么将来汽车的数量就会减少到现在的1/20。举个例子,如果一家汽车厂家每年的产量是100万辆,那么届时其年产量就会骤减至5万辆。汽车厂商缩减规模及企业合并的业态,将成为大势所趋。

到那时,通用汽车很可能会进军无人驾驶出租车行业。从2010年自动驾驶技术出现的那一刻开始,很多汽车厂商就有了危机感。虽然通用汽车公司是一家传统大型企业,但由于在雷曼事件之后有过破产重组的经历,所以它在行动上表现得更加积极。

通用汽车公司收购了一家名为"Cruise"的初创企业,这家企业会聚了很多毕业于麻省理工学院的优秀人才。当时Cruise的营收几乎为零,但通用汽车还是斥资1000亿日元收购了这家公司。有很多人认为这是一起近乎荒唐的并购案,由此不难看出通用汽车的危机感有多么强烈。

其后,通用汽车开始着手研发无人驾驶出租车"Cruise Origin",并于2020年2月公布了这款车型。车型公布之后,通用汽车决定同年将其实现量产化,并在旧金山市区范围内推出无人驾驶出租车服务。但由于时间上的原因,该计划能否顺利实施还是个未知数。

考虑到研发成本等因素,Cruise Origin尚未实现量产化之前,价格即便定在4000万~5000万日元也不为过。虽说就现阶段而言其价格偏高，但如果生产数量变为原来的1/20，它的价格就将变为200万~250万日元。这已经很接近普通乘用车的价格了。当然，其使用率也将是普通乘用车的20倍左右。

本田注资通用，与通用共同研发该车的车身，也是因为它看到美国汽车行业的大变革，意识到日本迟早也会发生同样的事情，与通用合作正是它应对危机的一种手段。

总之，巨头企业将会运用自动驾驶技术这一有力武器，引发汽车行业的变革。而那些无视这一情况，依然我行我素的汽车厂商，必然难逃被淘汰或被巨头企业吞并的命运。

剧变的行业6：建筑　亚马逊的智能住宅

现阶段，建筑业尚未出现能够突破行业壁垒的企业。但是由于过度竞争，建筑行业的利润率可能会呈现下滑趋势，因此，业界有任何一家企业出现改革的动向都不足为奇。其实，现在有些企业的改革已经初露端倪。

改革的第一个要点就是数据的应用。目前建筑行业的作业仍然主要依靠人力，所以要实现完全数据化有一定的难度。现在，有些建筑单位仍然在使用纸质设计图纸，甚至在工程项目管理过程中也仍然以使用纸质文件为主。如果建筑企业能在建材溯源方面对数据合理运用，相信工作效率一定会有所提高，其利润率也能在一定程度上获得提升。

第二个要点，是用机器人取代人工作业，逐步实现无人化、自动化。如果起重机全部实现自动化的话，它们就可以在无人管理的情况下全天候运行了。

我认为，如果能够对上述两点善加运用的话，施工成本就很有可能会降低至原来的1%。当然，如果这个预想能够实现的话，未来的施工现场将会跟现在大不相同，甚至会完全变成另外一幅景象。

日本大型建筑企业小松制作所为了实现这一未来的愿景蓝

图，邀请了该行业较具实力的初创公司"Skycatch[①]"在硅谷进行了各种实验。它们合作研究的项目就是如何使用无人机来提高测绘的效率。此项研究现已初见成效。

目前路堤的填土量都是由经验丰富的技术人员测量决定的，但由于主要是靠目测，这一数据无法做到十分精准。如果使用装有摄像头的无人机进行测量，只需将拍摄下来的画面进行分析便可得出结论，不但精确度远胜人工测量，其作业时间也将比人工测量要短得多，这进一步节省了工作量。

小松制作所也在研发属于它自己的无人驾驶技术。它研发的项目不仅能让自卸卡车在施工现场自动行驶，还能自动判断究竟走什么样的线路最省轮胎。挖掘机的自动化、无人化也取得了很大的进展。虽说这项技术还处于研发阶段，但到了2025年，相信其部分功能应该可以投入使用。自动化的挖掘机不仅能够在无人操作的情况下进行工作，而且搭载了人工智能系统，可以根据土壤的属性及形状等调整挖掘状态。这也就是说，将来的无人挖掘机辅以人工智能，完全可以达到熟练操作的水准。目前这一人工智能系统正处于不断完善的阶段。

小松制作所作为一家硬件厂商，居然能够成功收购位于硅谷的软件厂商，这样的案例实属罕见。此番举措，原因何在呢？2002年，小松在与美国企业卡特彼勒（Caterpillar Inc.）的竞争中失败，丧失了大片市场。这次竞争的失利，让它产生了危机感，

---

① 一家美国无人机技术和服务供应商，成立于2013年。——译者注

第 2 章　趋势 1　行业壁垒的崩塌及企业集团化的卷土重来

也让它成长为一家具有冒险精神，拥有突破行业壁垒的坚持、勇气与积极进取精神的企业。

几乎没有企业愿意从其他行业转型到建筑业，GAFA更是如此。这是因为建筑行业的利润实在是低得可怜，加之受新冠肺炎疫情的影响，很多工地都停工了，这些情况使得形势本已十分严峻的建筑行业雪上加霜。

但如果不是转型到建筑业，而只是从建筑行业获取数据的话，GAFA倒是很有可能参与其中。除了来自这个行业的数据之外，建筑物本身的数据也非常有价值。可以认为建筑物就是一件体积庞大的硬件，如果将从这里获取的数据应用于别处的话，就会有无限的商机。

这个商机就是智能住宅。

目前，亚马逊似乎在考虑关于智能住宅的问题。亚马逊的一家子公司预计于2021年开始销售一款名为Ring Always Home Cam的小型无人机（尚未上市），这款无人机可以随时监控家中的情况并提供服务。入住以后，房屋主人还能够通过智能住宅网购商品，虽然这些商品仅限于亚马逊提供的，但在价格方面可享受10%的优惠。而除了购物享有优惠以外，房屋的主人还享有自己房屋的命名权。这就是亚马逊智能住宅。

剧变的行业7：医疗健康　苹果的"安康中心"诞生？

利用可穿戴设备随时监控健康状态

医疗健康领域的关键词是"数据"及"云服务"。现在去医院看病首先要填写的就是预诊单，然后再进行检查。但在将来，有很多信息没必要每次去医院都重新填写。

在这方面Apple Watch就起到了重要作用。Apple Watch会检测用户平常的生命体征，并将其同步到iPhone上，这样去医院的时候，只需从iPhone读取健康数据即可。这样一来，除了能够节省时间以外，还能避免因记忆错误等原因导致填写错误。除此之外，患者以往的就诊情况，诸如就诊历史、服药情况等都可以快速查到。

苹果不像谷歌那样大张旗鼓地宣布进军健康行业，它的脚步可谓是悄无声息。

从Apple Watch的研发进度上，我们完全有理由相信，苹果正在筹划进军健康行业。

从第4代开始，Apple Watch就可以测心电图及脉搏；第6代则追加了监测血氧浓度的功能，更取得了医疗器械认证，这让Apple Watch在应对新冠肺炎疫情时也能起到一定的作用。2020年9月，Apple Watch在日本也取得了医疗器械认证。这说明苹果正虎视眈眈地盯着日本健康市场这块肥肉。

第 2 章 趋势 1 行业壁垒的崩塌及企业集团化的卷土重来

谷歌也不遑多让。2019年秋，谷歌宣布了一项计划，它要收购一家名为"Fitbit"的初创公司。Fitbit也研发出了与苹果的Apple Watch相类似的产品，也能监测人的生命体征。谷歌计划将收集到的数据用于谷歌健康服务，这一服务的目的在于改善人们的健康状况。

将来，或许所有人都会佩戴像Apple Watch或Fitbit之类的可穿戴设备，那些提供健康保障服务的机构就会通过这些设备，从中获取数据，从而为人们提供相应的健康服务。

可穿戴设备的优点不止于此，它还有利于人们时刻掌握自身的健康状态，增强人们的健康意识。发现自己的某项指标超标时，人们就可以通过运动，或调整自己的饮食及生活习惯来改善这一状况。

人们越来越注重身体健康，这对与健康行业密不可分的保险业来说，是一件好事。对于保险行业来说，最怕的就是人们在投保以后，就放松了自己的健康管理，进而导致被保险人生病的可能性上升。因为越多的被保人生病，就意味着越多的赔付保金。苹果和谷歌所做的一切对保险行业的贡献极大，所以我认为将来保险公司很可能会免费为客户提供健康监测设备。

亚马逊也推出了自己的健康设备Amazon Halo。亚马逊已经跨入保险行业，相信它同样也会涉足健康行业，而其竞争对手也必然会加快健康设备研发的步伐。

传统医疗设备厂家将惨遭淘汰

从2025年开始，医疗服务可能会呈现出这样一种趋势：医疗信息的云端化，将不仅限于日常健康状况监测，包括核磁共振检查在内的所有检查项目的数据都会被上传至云端。

比如，现在医生怀疑一位患者疑似罹患癌症，而在数年前，这名患者也因为同样被指出可能患有癌症而接受了核磁共振的检查，通过对比以前和现在的检查结果，医生发现这位患者的确是得了癌症。

能够对此类信息进行管理的，就只有云科技。然而还不止于此，到了2025年，除了医疗信息的云端化，癌症等其他疾病甚至也可以依靠人工智能进行诊断。

另外，随着患者信息的不断增加，人工智能可以凭借这些数据分析出什么人群容易患什么病。如果科技能有此进步的话，易患病人群就可以在得病之前进行预防性诊疗，防患于未然。

有了数据科技的支撑，医疗健康的水平无疑会更上一层楼。但不幸的是，很多技术与设备难以跟上，厂商也将会因此而惨遭淘汰。

虽然现阶段接入云服务器的核磁共振设备只占极少的一部分，但在将来，不能接入云服务器的医疗设备肯定会被淘汰。很多生产医疗设备的厂商肯定也都意识到了这一点。

事实上，数据技术和云技术恰恰正是医疗设备厂商的软肋。为此，已经有一家厂商跟欧洲最大规模的软件商思爱普（SAP）

第 2 章 趋势 1 行业壁垒的崩塌及企业集团化的卷土重来

建立了合作伙伴关系,并着手开发能够接入云服务器的医疗设备。

但此类设备如果是由云技术的领军企业——苹果或谷歌来开发的话,哪怕是从零开始,其开发周期、性能乃至价格都一定会优于传统医疗设备厂商。这是因为在开发新产品时的想法完全不同。特斯拉研发的汽车,跟传统汽车厂商的产品有本质区别,也是这个原因。

因此,传统医疗设备厂商将面临被淘汰的命运,或许它们也可以考虑请苹果或谷歌给它们代工。我认为,将来的医疗设备市场,应该会是这种情况。

微软肯定也会携Hololens进军医疗设备市场。2019年2月,在欧洲举办的一个展示会上,微软就展示了医生佩戴着Hololens为患者诊病的场景,当时的Hololens就已具备自动诊断功能。

未来医生配备像Hololens之类的设备或许将成为常态。当患者进入诊室,医生就能立刻识别出患者的身份,与此同时,患者的病历等相关信息也会立刻显示在医生眼前。相信在不久的将来,这一切都会成为现实。

更有意思的是,为了改善人们的健康状况,苹果也许会建设一处苹果可穿戴设备中心。不过这处设施的利润率过低,所以其目的并不在于营利,而在于向人们宣传其价值观。苹果还宣布,将准备开发一款与Apple Watch同步的体适能软件。此外,苹果还准备在位于得克萨斯州奥斯汀市的新址上开设一家酒店,不出意外的话,这家酒店的客人应该能够充分享受到苹果健康科技及相关服务带来的乐趣。苹果的新酒店已于2020年破土动工。令人期待的是,苹果可穿戴设备中心也极有可能设在这家酒店中。

剧变的行业8：物流　快递员会将货物直接搬进你的冰箱

亚马逊是物流行业的翘楚。就像之前说的，亚马逊的服务理念就是"顾客优先"。但对于贝索斯而言，或许根本就不存在什么行业壁垒。在这本书当中我经常会提及亚马逊，可见它的经营项目已经涵盖了很多行业。

其实一开始，亚马逊就把物流相关业务都外包给了FedEx等物流企业。FedEx的业务遍及全球，拥有专用的大型喷气式运输机，是世界上规模最大的物流企业。

但在承运亚马逊包裹的众多物流企业当中，有些企业，尤其是美国企业的服务质量，实在无法令人满意。其工作人员要么野蛮装卸，要么不按顾客指定的时间送达，这种做法与亚马逊"顾客优先"的理念大相径庭。于是亚马逊决定亲自运输包裹，因为只有这样才能确保亚马逊的包裹迅速准时地送达。

我们前一天在网上购买的商品，第二天就能送到，这全都是亚马逊物流的功劳。亚马逊还向顾客提供Amazon Prime服务（成为会员的顾客，可享受更优惠便捷的物流服务）。亚马逊物流跟FedEx一样，也配备了喷气式运输机"Amazon Air"。另外，在美国，为解决"最后一英里"的配送问题，亚马逊还打算配备"Amazon Prime Air"小型无人机，目前该无人机正处于实验调试阶段。

亚马逊以"顾客至上"为宗旨，建立起了属于自己的物流网络。

虽然亚马逊物流已经配备了喷气式运输机及小型无人机,但它并没有止步于此,这就是它的过人之处。

为了提供更加优质的服务,亚马逊开始了新一轮的实验。这一次,亚马逊给快递员发放了顾客电子门锁的钥匙。

较之将包裹放入快递箱中,亚马逊的服务似乎更胜一筹。对于顾客来说,与其将快递箱的钥匙交给快递员,倒不如将自己家的钥匙交给快递员更方便。这样一来,如果有需要冷藏或冷冻的商品,快递员就可以直接将商品放进顾客的冰箱里。如此方便,又何乐而不为呢?如果在亚马逊购物的话,就非常有可能享受到如此贴心的物流服务。

亚马逊的优质物流服务让谷歌产生了危机感。谷歌的Google Express整合了购物服务及快递服务,除此以外,它还承揽了沃尔玛等零售企业的物流配送。如此一来,专注于零售及配送一条龙服务的亚马逊的处境就略显艰难。但实际使用经验告诉我,亚马逊物流的便利程度是其他物流无法比拟的。消费者的天平或将逐渐倒向亚马逊一方。现在互联网商业发展蓬勃,FedEx的前景虽然向好,但能否在竞争中保持优势仍然是个未知数。

我认为,终有一天,亚马逊物流会成为物流行业的霸主。

第3章
趋势2 关键不在于硬件或软件,而在于"体验"

利润为零又有何不可？Apple Card带来的冲击

我们常常会对企业做一个定性的划分，比如将A企业划分为硬件厂商，将B企业看作软件公司，将C企业归类于服务行业。但从前的行业划分如今已经不再适用了，因为现在，对于一个企业而言，只有兼具这3个行业之长，才能让自己在竞争中立于不败之地。换言之，如果一家企业的涉足行业过于单一，那么它必然难逃被GAFA吞并的命运。

人们常说"软件优先"。诚然，纵观近来的经济发展趋势，软件似乎的确居于主导地位，美国似乎尤为如此。但其实软件也好，硬件也罢，关键是要看它们能否为顾客带来价值，即所谓的"体验"。这一体验，正是革新的基础。

先来谈谈亚马逊。亚马逊制造出了Amazon Echo这款硬件产品，又开发出了"Alexa"这款软件产品，并推出了云服务项目AWS（Amazon Web Services），亚马逊甚至还有物流配送服务。亚马逊通过Amazon Prime之类的服务让顾客获得良好的使用体验。

由亚马逊的例子我们可以看出，正是因为它兼具3个行业之长，所以才能牢牢抓住顾客的心。

就像前面说过的那样，硬件对它来说，与一个普通的盒子无异。它更注重如何运用这个"盒子"，与顾客建立联系。

未来的世界就是如此。对企业来说，行业、领域的划分已经

第3章　趋势2　关键不在于硬件或软件，而在于"体验"

无关痛痒，给顾客带来最佳的体验才是最重要的。这种做法的利弊姑且放下不谈，但是有一点可以肯定，能否做到这一点关系到企业存亡。

体验是商务的基础，所以企业在改善服务方面，所需做的工作量是巨大的。说起其具体表现，我们不得不说一下最近兴起的SaaS平台。SaaS平台所做的就是将软件部署在云服务器上，顾客可以根据自己的需求选择相应的软件。

那么，GAFA可以利用SaaS做些什么呢？首先，它们会掌握哪些软件是用户常用的，哪些是不常用或经常出现问题的，再对这些软件加以优化，让用户了解这些软件的价值，提升用户的使用体验。

SaaS提供的服务有很多优点。举个例子，它所提供的任何一款软件，要单独购买或使用的话，是价格不菲的，而现在却可以用十分低廉的价格，享受跟过去同等的服务。而且如果用户不想再继续付费使用，解约操作也十分方便。

总之，使用SaaS的客户对其服务十分满意，而这一反馈又促使其服务水平得到进一步提升。

以体验为中心的服务还有一个特点，那就是不以营利为目的。就像前面提到的Apple Card，苹果推出这款产品的目的就是为了扩大iPhone的用户群。

换句话说，苹果只需在iPhone一项业务中盈利便可，Apple Card只不过是苹果进一步提升客户服务体验与扩大用户群体的手段罢了。除此之外，它还是苹果用来收集数据的工具，也是苹果用来寻找企业与客户之间的接点的方法。

总之,对于苹果而言,其信用卡业务即便是不盈利也没有关系。我之前说信用卡公司可能会被GAFA吞并,原因就在这里。

硬件、软件、服务三线并重,视行业壁垒若无物,注重顾客的满意程度,只有这样的企业才能在未来的竞争中披荆斩棘,无往不利。

销量不佳并不意味着失败

如果企业允许特定的项目利润为零，甚至出现赤字，那么某些产品或服务即便统计时表现不佳，也并不意味着它是失败的。

亚马逊总是在推出新的设备，但它并不在乎这些设备的销量，它的目的在于收集顾客的数据。如果有顾客在使用某款设备后能够加入Amazon Prime会员，那么这款设备就算是完成了自己的使命。因为对于亚马逊来说，只要会员数增加，就意味着利润也会随之增加。会员将享受10%的折扣待遇，虽然在其他的购物网站看来，这样的价格可能会出现赤字，但就亚马逊商业模式而言，这一优惠的设置是有自己的道理的。

亚马逊的这类举措，是以2014年推出属于自己的智能手机"Fire Phone"为开端的。虽然这款手机销量惨淡，但这让亚马逊知道了顾客对这款产品所持的态度，这为下一款产品的开发积累了宝贵的经验。自此以后，亚马逊便接二连三地推出了自己的新产品。

比如说它的智能音箱产品，可谓是品种繁多：有带显示屏的，有带插头的，还有植入到灯泡里的，等等。当然，只有为数不多的几款大受欢迎，但毕竟亚马逊的目的并不在于销量。对于那些口碑不佳的产品，它会在取得相关数据后马上令其退市。亚马逊的产品有七八成都销路不佳，上市没多久就无影无踪了，但对它而言，推出的产品只要有两三成能够成功，就已经足够。

称霸未来的企业

较之其他一些企业投入巨额研发经费去研发一款硬件产品的做法，亚马逊更愿意采取小投入、短周期、多管齐下的产品策略。它就是秉承着这种理念，不断向市场发起挑战。

苹果自然也不甘落后于人。硬件是它的强项，但最近它却刻意推出了一些软件及服务方面的项目，定额服务Apple One及Apple Card就是其中较具代表性的例子。

虽然苹果现在不像亚马逊那样剑走偏锋，但我们有理由相信，在将来，这两个项目极有可能会成为苹果的弃子。当然，也不排除苹果为了收集数据而特意推出的可能性。

再比如在医疗健康领域，虽说苹果已经推出了Apple Watch，但随着技术的进步，或许它将研发出另外一种能够随时读取人的生命体征的，对于用户来说体验会更好的新设备，届时Apple Watch就失去了存在的价值。

苹果的理念是不断改善客户的生活品质，虽然目前看来iPhone是一款居于绝对主导地位的硬件产品，但苹果也绝不会死抱着iPhone不放。除了对现有硬件设备更新换代以外，相信它还会推出更多功能全面的新设备，以及形式更多变、体验更佳的新服务。正处于研发状态中的Apple Glass就是其中之一。

为何合约机的协议期是2年

　　以前,很多行业的商业模式都是以研发高性能的硬件产品为主要竞争手段的,以供用户长期使用。无论是家电、汽车行业,还是智能手机、电脑行业,都是如此。

　　在这种商业模式之下,很多国家,尤其是制造业发达的日本,都为世界经济贡献着自己的一份力量。日本的家电及电脑产品遍及全球的各个角落,成为一代传奇。

　　日本硬件产品的质量过硬,这一点毋庸置疑。或许某些还装着Windows 95系统的电脑,直到今天也还能正常运行;很多汽车也是如此,即便是数十年前的车型,经过一番维护,相信也能正常行驶。

　　但像智能手机及电脑等日常办公用的配件,最新产品与过去的产品,简直是天壤之别。几乎没有人会一直使用以前的电子产品,尤其是现在的年轻人,他们对流行趋势特别敏感,高性能的硬件更加难以在他们手中长期使用。

　　1997年前后,互联网的兴起让人们的习惯发生了很大的变化。从上网方式一开始的ISDN到ADSL,又发展到光纤上网,直至现在的Wi-Fi、5G,高速网络的普及使得人们足不出户就可以对软件产品进行更新、升级。

　　但硬件的更新却必须通过物理交换才能实现,这是因为硬件上搭载的半导体芯片无法进行在线更新。硬件的更新换代呈现出越来越频繁的趋势，而且今后这种情况会愈演愈烈。

合约机的协议期通常为2年，在一定程度上反映了这种情况。以前，非智能手机都是3年左右才更换机种，但是随着智能手机软件更新愈发频繁的今天，3年前的机种就显得力不从心了。

在非智能机时代，用户根本就不可能给手机添加新功能，也几乎不可能对软件进行升级。那时的手机是由移动通信运营商与厂家合作制造的。

然而iPhone智能手机和Apple Store的出现让这一切发生了翻天覆地的变化。

第一次将iPhone拿在手中的时候，很多人都大吃一惊，因为他们本以为这只是一部普通的手机，但实际上它却是一部小型电脑。既然是电脑，那就肯定会有软件，而且软件也一定能够升级，但无论是外观还是产品名，都表明它还是一部手机——这根本就是一种不同于传统手机，也不同于一般电脑的新生事物！

iPhone刚刚发售之时，有过这么一则逸事。某电视台的播音员正在播报关于iPhone发售情况的新闻："虽然这只是一部手机，但却能够浏览网页，能看视频，还能听音乐。"对科技发展趋势拥有敏感嗅觉的孙正义则评论说："这就是一部手掌大小的电脑。"

2025年的主流设备将不仅只有电脑

2025年，主流设备可能不再是电脑，现在电脑的销售量已经呈现出减缓的趋势。

那又是什么原因，让我们一直以来对电脑情有独钟呢？概括说来，习惯是主要原因。

从打字机时代开始，键盘的布局就是现在这个样子，对于习惯了用键盘输入的人来说，电脑用起来得心应手。

但将来，目前的键盘布局真的是最适合打字的吗？现在已经有一部分年轻人觉得软件键盘的打字速度超过了硬件键盘。此外，语音输入法及借助"脑机接口"用脑电波输入文字的技术也已经处于研发阶段。

那么电脑会以怎样的形式淡出人们的视野呢？

首先，电脑键盘的布局虽然不是最合理的，但由于人们已经适应了这样的布局，所以大显示屏及键盘在将来很长一段时间内都不会消失。

其次，仅仅作为办公需要，电脑的功能过剩，现在的智能手机，其功能已经能够胜任大部分的工作。将来可能会出现一种可以连接显示器和键盘的智能手机，这样一来智能手机就变身为电脑了。其实市面上已经出现了此类产品。

下一个阶段就是诸如Apple Watch之类的设备，性能与功能将提升至与智能手机不相上下的水准，这时智能手机也将惨遭淘汰。此后，硬件设备的发展将会出现突破性进展，一如当初从非智能手机演化成智能手机一样。

我认为，将来只要将智能手机做成像微软Hololens那样的眼镜式设备，就可以省去诸如看手机屏幕及操作按键之类的麻烦。

带上眼镜式设备，设备中的内容就会以MR的方式投射在自己面前，而且再也不用进行打字之类的操作了。

总之，将来硬件及软件的功能不会再成为人们关注的焦点。

当然，硬件设备的外观及手感等因素依然非常重要，但更重要的还是使用时的简便程度。这时人们最看重的莫过于软件的使用体验了。使用体验的提升，与使用者的反馈和及时在线更新是密不可分的。

电脑正在逐渐走向没落。电脑价格不断下滑就是最好的证明。

谷歌正在研发的Chromebook笔记本电脑，预计其价格仅为2万~3万日元。将来的电脑，只要具备上网功能，搭载兼容高速通信的芯片，即便其他功能被弱化也无伤大雅。或许正因为如此，将来的电脑价格才可能如此低廉。

机动车的性能每隔两个月就会有所提升

以特斯拉为例，在连接云服务器后，大约每隔两个月，车载软件就会自动更新一次，追加新的功能。随着更新，其性能也会随之提升。

每次更新带来的，都是对用户体验的进一步提升，有时是耗电量的减少，有时是充电效率的优化，有时则是优化刹车性能。仅仅凭借软件升级就能轻易地提升性能，这对燃油车来说是绝对不可能的。特斯拉简直就是未来机动车的发展标杆。那些不具备联网功能，无法进行软件升级的机动车将来一定会被淘汰。

除了定期更新软件，特斯拉也会定期为车载电脑更换半导体芯片。自动驾驶技术的发展日新月异，只有定期为车辆更换芯片，才能满足自动驾驶技术发展的需要。

不同于电脑和智能手机，机动车属于高价物品，机动车本身是无法轻易更换的。这些新型机动车更像是在电脑上搭载了一辆电动车，目前只有特斯拉能够为用户带来这样的体验。特斯拉还会为用户提供更换车载电脑的服务，以保证车的性能，毋庸赘言，这项服务对于使用者来说是非常超值的。

特斯拉给人的感觉根本就不像是一家汽车厂商，它常给人以这样一种"不务正业"的感觉。这就是它与传统汽车厂商最大的不同。

它关心的是如何才能让车主开车体验更好。硬件也好、软件也罢，它在乎的只有如何运用这些资源才能给予用户良好的用车体验。这就是它的经营理念。因此，除了提升机动车性能之外，它还向客户提供多项其他服务。

不仅仅是特斯拉，比萨连锁店必胜客也宣布与丰田合作，准备开发一款可以在行驶中自动烤比萨的车型。如果这款车型投入使用，肯定会大幅缩短配送时间，而且由于自动烘焙功能，人工费用也会随之大幅削减，所以外卖的比萨价格或许将进一步降低。

一旦无人驾驶技术普及，乘客就不必在意司机的存在，如果遇到目的地较远的情况，车内甚至还可以考虑配备卡拉OK等娱乐设施。

传统汽车厂商总是会把精力放在提高发动机性能、改善座椅的舒适性及优化车辆的可操控性上，而电动汽车的电机性能则与传统汽车的上述性能同等重要。

现在有很多汽车厂商指责特斯拉的舒适度太差。但我认为，将来机动车的发展绝不应该只重视舒适度，特斯拉的发展路线才是正确的。毕竟从特斯拉的总市值及其销量来看，它将是当之无愧的汽车行业标杆企业。

下面我们来看看日本国内的汽车公司。它们跟从前的索尼很像，对硬件工程师过度重视，这正是其难以跟上时代步伐的原因。即便有些公司里拥有对科技发展趋势敏感的软件工程师，但他们也极少能够进入管理层，以至于很多软件工程师因为得不到足够重视而另谋高就。这就是现在日本汽车公司发展举步维艰的

第3章 趋势2 关键不在于硬件或软件，而在于"体验"

原因。

在传统汽车厂商当中，比如奔驰和宝马也正致力于研发像特斯拉那样可以进行软件升级的车型，而且有意将其纳入标准化生产。

正因为如此，将来的汽车厂商会纷纷效仿特斯拉，制造出可以进行软件升级的汽车。到2025年时，这一切或许尚未成为现实，但我相信那一天终会到来。

特斯拉广告费为零、4S店数量为零,却能大卖特卖?

特斯拉与传统汽车厂商的不同之处还不止于此,它基本上没有实体4S店。虽然特斯拉在一些地方设置了展厅,但其功能也仅限于介绍车辆与服务项目等,原则上并不提供线下购买渠道。

除此之外,特斯拉也从不注重广告宣传。无论是在杂志上还是在电视上,根本就见不到它的广告。特斯拉车主的行为及他们对特斯拉的评价,就是极佳的品牌宣传素材。就像我之前说过的那样,好莱坞的名流们纷纷将自己的座驾换成特斯拉,这就是最好的广告宣传。

特斯拉的充电桩及停车位的设置都是经过深思熟虑的,精心的设计让人们觉得使用起来十分方便。如果非要说这些都属于品牌管理的范畴,倒也无可厚非,这与特斯拉方便使用者的初衷并不相悖。

充电桩的不完备是电动汽车无法普及的重要原因。毕竟以前充电桩的设置都是由政府或电力公司负责的,这似乎是理所当然的。

然而特斯拉却肯出资修建充电桩。它设置充电桩的位置多在繁华的商业步行街入口附近、星巴克门前或高速公路休息区等,都是便于人们使用的地方。

不仅如此,初次使用特斯拉充电桩的用户,在一定时间内可免费使用。即便进入收费使用阶段,充满电也只需花费500日元左

第3章 趋势2 关键不在于硬件或软件,而在于"体验"

右,这比燃油车加满一箱油要便宜许多。另外特斯拉还计划为停车位设置无线网络,以便车主在车内舒舒服服地上网。

特斯拉既没有4S店,也不做广告,因此它格外重视与客户的交流。软件升级之际,工作人员会主动跟客户进行沟通,平时也会经常主动与客户联系,获得反馈。

在软件更新时,工作人员会与顾客进行沟通。比如说芝加哥寒流来袭时,他们就会给芝加哥地区的客户发送信息,提醒他们电动汽车非常不耐寒,特斯拉早已经预料到会有寒潮来袭,也对此有所准备,"为了不让您的爱车在寒冷环境下的充电效率受到影响,最好及时更新您的系统"。

在需要进行重要的车辆维护时,比如更换电脑芯片等,虽然特斯拉没有4S店,但并不会受到限制。得益于工作人员出色的沟通,整个维护过程不会出现任何问题。

首先,工作人员会给需要更换芯片的客户发送信息,与客户取得联系后,他们会根据客户的情况,与其约好时间,并如约来到客户指定的地点为其更换硬件。有时,客户的爱车需要修理,如果不能马上修好,他们也会将客户的车运回工厂进行修理。

特斯拉提供客户服务的方式非常特别。当车主需要服务时,只要启动专用的程序,就能看到附近的服务人员,提交服务申请之后,不用多久,指定的服务人员就会赶到现场为客户提供服务。

设置一个4S店,人工费用、店面维持费用等开支是必不可少的,尤其是有些大型汽车厂商,往往会耗费巨资来维系4S店的运营。但特斯拉则将这部分费用花在了增强客户体验上。

每次进行软件更新的时候，特斯拉的车主都会充满期待。几个月前，我也接到了升级通知，那时我不禁想："这次会有些什么新功能呢？"

特斯拉的软件更新不同于其他厂商，有很多独到之处，下面我简单介绍一下。

通过智能手机远程操控

即便不在车上，用户也能通过智能手机对车辆进行远程操控，就像在玩遥控汽车一样。除了移动车辆以外，还能控制车窗及空调的开关。因为特斯拉有自动驾驶功能，所以遇上下雨天之类的恶劣天气还可以将车辆唤至门前。定好移动路线，再打开空调，当我们坐上车时，车里的温度也不冷不热，刚刚好。

虽然目前此功能只能在规定区域或私人区域内使用，但我相信，将来这一功能也将会在公路上使用。

待机界面随着季节的变化而变化

谷歌的界面会随着季节及节日的变化而变化，比如圣诞节或元旦时的界面就会变得非常有特色，这一功能为我们平淡的生活增添了几分乐趣。

而特斯拉也有这样的功能。例如，圣诞节期间车载显示器就会变成具有圣诞特色的界面。更有趣的是，转弯时它的转向灯音效会随之变化，由平时的"咔嗒"声变成充满圣诞节氛围的

第3章 趋势2 关键不在于硬件或软件，而在于"体验"

钟声。

"爱犬模式（Dog Model）"

特斯拉还推出了通过远程操控将车内空调自动设定成合适温度（爱犬模式）的功能。这一功能的由来是，在美国，有很多人都喜欢把宠物放在车里，而夏季车内的温度非常高，这通常会导致宠物的不适，甚至死亡。特斯拉推出这一功能后，只要将其开启，爱犬就可以免受酷暑之扰了。

但就这样把爱犬独自留在车里的话，车的主人很容易被误解为在虐待动物，因此特斯拉启动了爱犬模式之后，还会贴心地在外部显示器上显示"现在已设定为爱犬模式"的字样。

最近在日本，发生了家长把孩子单独留在盛夏的车内而引发的悲剧，美国的法律更是禁止将孩子单独留在车内。但随着特斯拉爱犬模式的普及，加之远程监控、远程操控技术不断完善，相信将来特斯拉完全有可能会开发出照料孩子之类的功能。

娱乐功能的完善

随着软件的更新，油管、网飞及Spotify等流媒体视频服务应用也都陆续在特斯拉的行车电脑上安家落户了。实际上，我去机场等场所接送人时，如果在车里等的时间过长，我也会通过看视频来消磨时间。

特斯拉的游戏内容也很丰富。车主可以在车载显示器上玩《马里奥赛车》，但特斯拉的与众不同之处在于，用户甚至可以使用方向盘、油门和刹车进行游戏,这进一步增加了其娱乐性。

当然,只有停车的时候游戏才会启动,如此真实的赛车游戏简直让孩子们欲罢不能。对于传统汽车厂商来说,这或许是一项完全没有必要,甚至是极其无聊的功能,但它却能让孩子们心动不已。

我觉得,正是这些童趣盎然的服务,才使特斯拉获得了更多客户的支持。

素食主义者的"任性"

人们常说"不要总想着坐享其成",这是因为当前的常识不可能永远正确,我们要用怀疑的眼光去不断探索。

Impossible Foods就是这一理论的践行者。制造素肉的企业绝对不止Impossible Foods一家,但它们产品的口感却都不如Impossible Foods。很多素食主义者吃素并非是因为讨厌吃肉,而是为了减少家畜的屠宰数量,以及出于对环保的考虑,才强迫自己吃素。

他们当中也有人喜欢肉的味道,这一类人往往喜欢的是肉的口感。Impossible Foods制造的大豆肉口感与真正的肉基本一样,这完全颠覆了人们的认知,更为素肉产业带来了翻天覆地的变化。

它生产的素肉,既能让素食主义者感受到与真正的肉同样的口感,又能达到减少家畜屠宰数量的目的,因此非常受素食主义者欢迎。

Impossible Foods追求的不仅仅是真肉的口感,它还为粮食、环境及贫困这三大社会问题默默贡献着自己的一份力量。不知不觉间它已经实现了EGS(环境、社会、管理)的有机融合。之所以能做到这一步,就是因为它向来无视行业壁垒。

虽然它的产品目前仅在美国国内销售,但在将来,它有可能与其他的合作伙伴携手,将其产品销往海外。

我认为,将来全球食品行业可能会因此发生巨大的变革。有人认为农业劳动力是一个亟待解决的大问题，但我却不这么想。相反，强行维系农业从业人员的雇佣不仅对转型中的企业来说百害而无一利，也会给政府增添巨大的负担。

与其过度重视农业劳动力问题，倒不如试着解决由于人口爆炸导致的粮食短缺问题。解决了这个问题，农业劳动力问题自然就迎刃而解了。

我觉得Impossible Foods跟特斯拉在某些方面有相似之处。电动汽车问世之初，给人们的印象仅仅是一种交通工具而已。款式老旧、行驶距离短、充电时间长、价格比燃油车高等诸多缺点的存在，让人们选择它的理由只是因为它节能环保。从前的素肉也是如此，人们之所以会选择素肉，仅仅是因为想减少杀生，这早已成为人们的共识。

但特斯拉却打破了人们的偏见。它生产的电动汽车在节能环保的同时，还能做到车型款式新颖、行驶速度快，饱受诟病的充电问题也不复存在。毕竟特斯拉创立的初衷，就是为了提升人们的驾乘体验。

有些企业死守着行业惯例不放，以致开发出的产品及服务与用户需求相去甚远，此类例子不胜枚举。比如，最近日本的一些超市和购物中心决定不再提供免费马甲袋，这是出于环保的目的，但收效甚微。

当前的业务内容能否满足顾客的需求，是现在很多企业首先要考虑的，毕竟在将来，能够决定成败的既不是硬件，也不是软件，而是客户的使用体验。

新冠肺炎疫情让Zoom用户激增

对于一家锐意进取、引领未来的企业来说，无论是硬件的开发还是软件的优化，都不过是了解用户的手段罢了。对它们而言，想方设法了解顾客的需求，为顾客提供优质的服务才是第一要务。

每每说到这个问题，我总喜欢举钻头的例子。对于生产钻头的厂商而言，最亟待解决的问题是如何满足顾客的需求，即开发适合顾客的钻孔，而不是如何将现有的钻头卖出去。

Zoom能够在新冠肺炎疫情期间飞速成长，正是因为它知道客户的需求。在DNX Ventures举办的一次活动上，我们有幸邀请到了Zoom的CEO袁征（Eric S. Yuan），他的讲演内容也证明了我的上述观点。

袁征这样说道："我们的目的，就是为人与人之间的沟通提供坚实的保障。"

袁征原本是思科网讯的一名软件工程师。思科网讯和Zoom一样，也是一家致力于开发视频会议软件的公司。但这家公司让袁征感到束手束脚，他认为这样的公司无法开发出让用户真正满意的软件，于是辞职，自己创建了Zoom。

正是出于沟通方面的考虑，Zoom在使用时无须注册，它在智能手机或平板电脑上也能运行无阻。不管在什么情况下，Zoom用起来总是那么得心应手。而思科网讯及Skype等其他类似的应用则需注册账号，在使用前还要进行一系列的设定，使用前的准备工作太过烦琐。与Zoom相比，它们使用起来实在是太麻烦了。

另外，Zoom在运行时所占用的资源非常少，这也是它能够获得广大用户支持的原因之一。受疫情的影响，远程办公的人数增加，Zoom的使用人数也随之激增。有消息称，在远程办公用户增速最快的20天里，其下载量甚至达到了1亿次（包括重复下载）。截至2020年4月，它的用户保有量为3亿人，与其他同类应用相比，利用率达到了惊人的程度。得益于此，Zoom的总市值也由原来的2万亿日元攀升至现在的14万亿日元，已经超过了一些老牌企业如IBM的总市值。

虽然现在看来，Zoom已经算得上是一款非常方便的视频聊天软件了，但其未来却仍不明朗。对自己未来的道路，Zoom早已成竹在胸。

它的目标就是建立起人与人之间的纽带，因此它对VR及AR领域十分关注，也对即时通信等方面的服务虎视眈眈。

有些企业之间看似是竞争关系，却又存在着某种斩不断的联系。我们不妨大胆猜测，将来Zoom会"插手"一些原本属于脸书的业务。

袁征的可贵之处还在于，他使Zoom的开发摆脱了思科网讯平台的束缚。另起炉灶，从零开始，他在极短的时间内开发出了更

第3章 趋势2 关键不在于硬件或软件，而在于"体验"

优于思科网讯的应用。这一决断的重要性堪比GAFA为了推出新服务而积极收购其他企业时的行动。

照此情形发展下去的话，等待着Zoom的会是什么呢？我相信，即便是前路坎坷，它也不会被经济学中所谓的"沉没成本"所累。这正是引领时代的企业所必备的特质。

正如前面所说的，站在脸书的立场上，Zoom虽说是它的竞争对手，但也拥有脸书梦寐以求的服务。实际上，脸书已经开出了一个价格，试图收购Zoom，这是极其正确的做法。

但Zoom正处于飞速发展阶段，其企业价值也飞速攀升，所以Zoom是否会接受脸书的提案尚不可知。如果能在新冠肺炎疫情暴发之前就成功并购了Zoom的话，这对脸书来说将会是极大的收获。我想脸书的经营者肯定也设想过这种情形吧。

不用出声就能向智能音箱发出指令

Amazon Echo等智能音箱类产品都非常注重用户体验,与其将它们生硬地归类于硬件设备或软件产品,倒不如说它们属于服务类项目。当然,此类产品中最受欢迎的非Amazon Echo莫属,它的销量已经突破1亿。假设它的销售市场仅在美国,那么每3个美国人当中就有1个人在使用Amazon Echo。

Amazon Echo在日本的销量也在不断攀升。按照这个趋势,到了2025年,恐怕大多数音箱都会搭载人工智能,这就好像以前CD播放器和收录机一定要能播放录音带一样。

智能音箱的原理就是将接收到的声音信号文本化。从这个原理出发,我们可以再发散一下思维,或许将来我们不用发出声音,只需要用特定手势就可以给智能音箱下达指令。这一构想通过在智能音箱上搭载摄像头或传感器就可以实现,比如说通过抬手就可以实现放大音量的操作。

除了智能音箱,其他家电产品也会搭载人工智能,比如说空调和灯具。最初调整光源亮度的时候,可能还需要通过向智能音箱发出指令,但随着人工智能学习的不断深入,即便使用者不直接下达指令,人工智能也能根据使用者的习惯,将空调的温度或灯光的明暗调整至最佳状态,也可以将电视音量以及热水的温度等调整至最合适的状态。

这就像是家里有一位善解人意的管家一样。这位AI秘书不仅

第3章　趋势2　关键不在于硬件或软件，而在于"体验"

能为人们带来更舒心的居住体验，还能在很多事情上给人们提出建议。人工智能会识别出记载在谷歌日历上的内容，当它认为你忘记了自己的日程安排时，就会通过智能音箱提醒你"今天某时开始该做某某事了"。

在通勤方面，人工智能同步到地铁晚点或道路拥堵的信息时，还会提醒你早点出门，并为你提前规划路线，让你轻松避开拥堵路段。

人工智能仍在不断进化。马斯克创建的Nueralink公司引起了人们的广泛关注。通过"脑机接口"技术，人脑可以直接对计算机发出指令，计算机在接收到指令后，便可自动执行。在2025年，这项技术未必能够成功开发并应用，正式投入使用恐怕要等到2030年。

如果这项科技能够研发成功的话，那么我们只要在心中默念"打开电视"，电视就会自动开机；而我们头脑中的想法，也能自动在电脑中生成文本。

科幻小说中的场景终将成真。

智能住宅、智能城市的普及

电力设施、供水设施、燃气设施，这一类基础设施算得上是标准的硬件设施了，它们在将来也会焕然一新。

在人工智能日新月异的当下，我们可以大胆设想，此类设施将来都可以通过网络进行统一管理。例如，通过智能手机就可以控制电源开关；又比如说你出门在外，在到家之前就可以借助Pinpiont应用提前准备好泡澡的热水。

将所有基础设施的终端都进行联网管理还有一个好处，那就是可以降低使用成本。现在的水、电、燃气都还暂且需要查表员挨户查表，记录用户每个月的使用量。而一旦联网，就可以通过终端对这些数据进行登记，再也没有必要挨家挨户查表了，住户的费用自然也会随着人工费的降低而变得低廉。

在美国硅谷，就有这么一家名为"HOMMA"的初创企业，其创始人是一位名为本间的日本人，它所从事的就是上面介绍的业务。

智能化正从千家万户走向街头巷尾，当智能设备覆盖了城市中的最后一个角落时，智能城市的建设也就大功告成了。

届时，十字路口将会安装传感器，用来辨别车辆及行人的通行情况，再由人工智能对交通信号灯进行管理，现行的时差式红绿灯则会被淘汰。轨道交通工具的车厢内也将装有传感器，用以感知车内乘客的数量，并将相关信息显示在站台的显示器上。如

第3章 趋势2 关键不在于硬件或软件，而在于"体验"

果人们的智能手机上装有相关应用，将接收到此类信息，从而有效避免与其他人进行密切接触。

如果乘车人数太少的话，人工智能就会根据实时情况减少车次，反之，则会增加车次。在不久的将来，很多事情将不再需要人的控制操作，人工智能会根据各类传感器获取的信息进行自主管理。

建设智能化城市会在很大程度上解决劳动力的问题。比如说清理车站前非法投弃的自行车，现在，首先要派出管理人员对停放在站前所有的自行车进行验看，一旦发现非法投弃的，还要用卡车将其运走。如果能够实现智能化管理的话，那么这些工作也完全可以交给人工智能来处理。

解决这个问题，有摄像头和人工智能就足够了。在城市中安装足够多的摄像头，以保证能够捕捉到自行车的主人或实施非法投弃的人的外貌，根据外貌特征找到他们之后，就可以对其进行警告或处罚。

出于隐私方面的考量，日本或美国究竟能否在2025年实现智能化城市的构想尚不可知，但在中国，深圳市区智能城市的相关建设已经取得了一定的进展。

在深圳市区，各个角落都安装了可进行人脸识别的摄像头，因此一旦有人违反交通规则，执法者就能立刻找到这个人。

除此之外，设置在交通要道的扬声器还会对违反交通规则的人发出警告。对于屡教不改者，执法部门将会直接从其银行账户扣除罚金。只有未来才会出现的场景，如今已然出现在中国深圳。

虽然不敢断言美国或日本的将来也会变成跟中国一样，但有一点可以肯定，迄今为止依靠人力进行统计或监视的工作，将来肯定会由摄像设备或感应装置所代劳，并且可以通过网络对其内容进行远程验证和确认。只要我们能够摒除隐私观念的偏见，此类服务定然会蓬勃发展。相信在不久的将来，上文中描述的场景定然会呈现在我们眼前。

第4章
趋势3　掌握数据就等于掌控未来

数据是"信息对称"的保障

在数据尚未得到有效运用的今天,由于信息的不对称,致使资源浪费情况严重。例如我们在"剧变的行业7"中谈及的医疗健康领域。正是由于医生和患者之间存在信息不对称的情况,所以我们去医院看病的时候,总要花费很多不必要的时间在医生问诊及填写病历上。

如果医患双方都能够预先取得数据并共享,就能够避免出现这种尴尬的情况,直接进入正题,医生就可以直接告诉我们,应该如何进行治疗,需要吃什么药,等等。我们在购买人身保险时也是如此。在购买保险之前,需要如实填写个人健康状况等信息,这跟去医院看病时的问诊十分相似。如果能够实现个人病历数据同步的话,自然就省去了很多不必要的麻烦。

除了个人病历,还有很多其他数据可以实现共享。例如运动习惯、就医频率等。参保人提供的有效信息越多越有利,保费也会越便宜。这一切的实现,苹果的可穿戴式设备在中间起到了至关重要的作用。

通过对数据的有效运用来实现信息对称的例子还有很多。比如说贷款时需要的征信信息。贷款人申请贷款时需主动提供收入证明等相关材料,但这些材料的有效性,实在是难以辨别。其实较之收入证明,银行账户余额的变化、亚马逊及PayPay上的购物记录等实时数据更能说明一个人的信用状况。

第 4 章 趋势 3 掌握数据就等于掌控未来

二手车市场也存在信息不对称的情况。二手车市场的卖家掌握着关于车辆的所有信息，但买家则只掌握了车型、行驶距离以及车辆外观等相对片面的信息。这让某些不法商家有了可乘之机，他们会把事故车辆包装成正常车辆售卖。如果对这种情况听之任之，在交易中遭受损失的一方就会对这项服务本身丧失信心，进而影响供应方的商机。

这种由于信息的不对称而形成的市场，在经济学中有一个专门术语，叫作"柠檬市场(The Market for Lemons)"。如果不对数据合理运用，那么我们的市场就极有可能变成柠檬市场。

相反，如果车辆搭载了物联网（IoT）设备，就能将包括行驶距离、事故信息等在内的所有信息准确无误地记录下来，并向买家公开，在信息对等、买卖自愿的前提下，二手车市场必将欣欣向荣。

就像这样，未来数据将会被应用于各行各业的各个角落。

前文提到过的推送服务，就是对数据灵活运用最好的例子。平台收集数据的量越大，范围越广，推送的内容就会越精准。这样一来，使用者就能更方便快捷地获取自己所需的信息，而商家也可以更直接地为客户提供服务。这样的未来，距离我们似乎仅有一步之遥了。

苹果与谷歌之间的数据之争

大概是从10年前,各家公司开始大量收集数据并加以运用,也正是从这时起,数据有了"新时代的石油"之称。顾名思义,之所以把数据称作是"新时代的石油",就是因为二者在它们的时代,都是制胜的法宝。从获取的途径来看,二者也有相似之处。油井建成之后,石油会从钻头下喷涌而出,而企业一旦找到了与客户之间的接点,即便不去刻意收集,数据也会像石油那样自动喷涌而出。

数据跟石油一样,对于当今的社会和我们每一个人来说都是不可或缺的。使用了大量数据的推送服务,在广告服务及商务活动中发挥了巨大的作用。反之,如果没有数据支持,这一切都将成为无源之水,商务活动的效率将会大幅降低。在将来,以数据为核心内容的商务活动将会越来越多。在线广告服务就是其中一例。

就像从前人们疯狂采集石油那样,企业充分了解数据的价值,其一切活动的目的都是为了收集数据。各家公司之间的竞争也渐渐趋于白热化。

其中就包括两大手机操作系统巨头——苹果和谷歌。实际上,两者都已经在各类会议上公布了收集及保有数据的各种手段。

它们收集的很多数据都是根据人们的需求,即通过关注搜索

第 4 章 趋势 3 掌握数据就等于掌控未来

引擎获得的,因此谷歌在数据的收集量方面有绝对优势。谷歌智能手机的操作系统在全球的市场占有率高达80%,竞争优势十分明显。

另外一方面,苹果也不甘示弱。它主要通过iPhone来收集数据,比如说用户会从苹果商店下载什么样的程序等。通过iPhone,它还通过GPS收集了大量的位置信息,以及来自于苹果支付业务的结算信息等。

在数据的使用方面,苹果和谷歌的做法则大不相同。谷歌胜在有量,而苹果胜在有质,毕竟购买iPhone的基本都是高收入阶层。

谷歌主要将收集到的数据用于搜索、横幅广告、动画形式的广告等。尽管苹果保有大量的数据,但它却坚决不将这些数据用于广告。除了出于隐私方面的考虑,另外一方面也充分证明了它坚决贯彻以iPhone为核心的商业策略。但我相信,苹果已经做好了将来会将数据应用于广告的准备。

如果是你的话,你想要收集什么样的数据呢?是年收入10万元的人的10亿份数据,还是年收入超50万元的人的2亿份数据呢?在这方面,谷歌和苹果战略意图上的差异是显而易见的。苹果的目的是以iPhone为武器来攻陷高收入阶层的防线,进而获取相关数据。包括之前说的广告相关事项在内,这两家公司之间的数据收集之争格外引人注目。

除了苹果和谷歌以外,还有很多企业也加入了数据收集的战局。前面已经说过,数据收集大多是通过搜索来实现的,谷歌在这方面拥有绝对的优势。

所以与谷歌进行对抗的企业只能选择不借助谷歌这一平台，而是直接使用自己的应用，通过用户在应用内进行垂直搜索的方式来收集数据。

此类企业以亚马逊、脸书为代表。它们让用户下载自家的App并安装到自己的智能手机上，然后在其中搜索和购物。如此一来，所有的数据就可以一家独享，而不会流入谷歌的数据库。用户在使用这些App购物时的优惠幅度很大，而且还能得到积分。其实这就是这些企业为了获取用户数据所采取的行动。这一点，通过观察二手交易平台Mercari的举动也可略知一二。

很多人都会通过安卓或苹果自带的应用商店下载App，谷歌和苹果也会向该应用收取30%的手续费，但如果自己的用户会被其他应用程序吸引走，那情况就非常不妙了。

针对这种情况，它们推出了应对策略。苹果于2020年9月发布的OS（iOS4）系统，内置了"App Clips"，我们就以此为例加以说明。

App Clips其实就是苹果版的"小程序"，iPhone用户无须下载，就能够通过App Clips体验到那款App的部分功能。这也就是说，用户可以通过App Clips对应用进行试用，如果觉得确实值得，他们才会下载。无须通过应用就可以收集数据，这就是App Clips存在的意义。

但有些企业对数据的收集并不感兴趣，它们把目光聚集在了其他地方。网飞通常被认为是Hulu及Amazon Prime Video的竞争对

第4章 趋势3 掌握数据就等于掌控未来

手,但网飞却不这么认为,它的目标是游戏公司。

就像前面举的钻头的例子那样,企业先要了解用户会有什么样的动作,才能预测出他们需要什么样的服务。因为用户的需求以及体验是关系到一家企业将来命运的重要因素。

苹果、谷歌以及其他一众企业之间的数据之争,已经渐渐进入白热化阶段。

硬件只是增强体验的手段之一

苹果一直以其高品质的硬件而闻名。那么它匆匆推出Apple Watch的目的何在呢？这是因为它急于获得来自Apple Watch的数据，同时也担心其他企业——例如其竞争对手谷歌——会抢在它前面推出类似的设备。

前面已经介绍过，苹果收集数据是为了配合其以iPhone为核心的战略目标。但如果今后其他企业研发出了与iPhone类似的设备，苹果收集数据的意义将会荡然无存。所以除了Apple Watch之外，苹果还开发了其他可穿戴设备，如AirPods等。

苹果的硬件的时尚外观只不过是为了增强用户体验，进而收集数据的一种手段罢了，今后，这种方式会逐渐演变成一种趋势。

再以电视为例。电视原本的功能是播放电视台提供的节目，在节目中途插播广告是一种较为常见的商业模式。在将来，虽然这种商业模式不会发生太大变化，但即便是收费节目，在其中内置购物功能也会变得不足为奇，比如观众可以随时购买视频中出现的服饰、女包等。

这也就是说，在将来，任何地方都可能会出现商机。但抓住机会的前提是已经掌握了数据。因此企业的成败，关键在于能否收集到更多的数据。

脸书没有能够用于收集数据的硬件产品，它也知道这方面

第4章 趋势3 掌握数据就等于掌控未来

是自己的软肋。而脸书有自己的办法,它另辟蹊径,利用脸书内的留言及图片来收集数据,再将这些数据运用在广告、电子商务上。

它之所以会收购Instagram,用户人数众多是其中一个原因,除此之外,它还可以收集到相当数量的图片数据,并将这些数据用于自身发展。网飞似乎也有意愿开展此类业务,即点击出现在图片中的女包或服饰就可以进行购买的服务。

日本的一些本土应用也已经出现了类似的服务。不知道各位读者朋友注意到没有,在使用这些应用进行浏览时,只要点击我们选中的美食图片,系统就会自动跳转到这家店铺的预约服务页面,在这里,我们可以选择在店内进餐,也可以选择由Uber Eats的送餐员提供外卖服务。

对instagram上的美食或服饰感兴趣,只需轻点一下,便可被送到身边。将来这一切都会成为现实。

脸书通过这些渠道将用户的一举一动都捕捉下来,作为数据提供给商家,并从商家那里收取费用。这是它现行的主要商业模式。

如果其他企业纷纷效仿,那么商业服务的行业壁垒将会荡然无存,而这些提供数据的企业则会不断扩张,逐步实现集团化。

本节中虽然主要对脸书今后的发展方向进行了推测,但是相信网飞将来也会朝着这个方向发展。

除了主营业务以外,网飞会将收集到的数据应用于如电子商务及广告(包括推送服务)之类的商业服务。当然,现阶段此项业务尚未实施,但今后它一定会更加积极地收集并充分利用数据。

  还有一个问题就是:某些企业在推送广告时,或许会招致一些用户的反感。那么对企业自身形象格外敏感的苹果能处理好此类问题吗?让我们拭目以待吧。

数据保有的权利应该交给谁

　　一说起数据，就不得不谈谈数据保有权的问题。比如，谷歌通过搜索引擎获得了大量的匿名化的数据，并将它们占为己有。谷歌在用户协议中将数据归属问题一笔带过，我们当中的大多数人甚至可能都没有注意到这一点吧。

　　在多数情况下，人们可以免费使用谷歌所收集的信息。只有企业在投放互联网广告时，谷歌才会向其收取一定的费用。脸书也同样拥有大量的数据使用权，它跟谷歌一样，也是将其用于广告业务。这就是当前数据使用的现状。

　　但其实不论是谷歌还是脸书，它们收集的数据及其使用权，都应当是属于我们每一个人的。为此，欧洲还频频发起"数据是我们的"运动。

　　面对来自民众的诘难，谷歌却依然能够冷静应对。毕竟我们现在能够免费使用很多方便的工具，全是因为谷歌能够对保有的数据进行灵活运用。如果数据的采集及使用受到管控，甚至将其全权交还给每一个人的话，我们可能无法继续享受如此多的免费服务了。换言之，广大用户只要肯提供数据，就可以享受到免费的商品或服务。所以目前，只要隐私能够得到充分保护，大部分用户对数据的运用持默许态度。

　　再拿亚马逊旗下的无人便利店——Amazon Go来说，同一件商品在Amazon Go的挂牌价格会比其他零售店低10%左右，但作为代

称霸未来的企业

价,亚马逊会通过安装在店内的诸多摄像头及传感器收集顾客的信息。

旅馆老板娘招待客人的茶点的变化

如果能够实现对数据的活用，主营业务，尤其是服务，也可以单独定制。对于个人客户而言，这就像网购时的个性化推荐，也像在餐厅或旅馆的专属服务。

比如说，你在初次入住一家旅馆时，旅馆老板娘端上来的点心是铜锣烧，但由于你是大阪人，不喜欢甜品，最喜欢的食物是章鱼丸子，你将这件事告诉了她，于是你喜欢吃章鱼丸子的信息就被记录下来了。在第二次入住这家旅馆时，老板娘为你端出的点心就变成了热气腾腾的章鱼丸子，感觉很贴心的你就成了这家旅馆的常客。

饮食店的情况也是类似的。假设有一位客人每次都会点咖喱猪排，那么如果每次都被服务员询问"今天吃点什么"，对他来说无疑是个糟糕的体验。

虽然以上都是发生在小规模店铺的案例，但如果能从中总结规律，并灵活运用数据的话，那么无论任何人，无论走到哪里，企业都能给他带来宾至如归的良好体验。

下面来讲一则发生在大型连锁超市沃尔玛的真实案例。沃尔玛很早就将啤酒和纸尿裤捆绑销售了，这真是一种令人无法想象的组合。但这别出心裁的销售组合，正是沃尔玛对客户购买清单进行分析的结果——它发现，很多刚刚当上父亲不久的男人购买纸尿裤时，通常都会顺便给自己买点啤酒。基于这个发现，沃尔玛还会为年轻的父亲们搭配一些适合当下酒菜的食物，这样一来，部分男性顾客的购物体验自然更上一层楼。

让我们再来看一个对数据灵活运用的例子。人工智能通过对电冰箱中保存的食物和消耗掉的食物进行分析，就可以实现自动订货了。不仅如此，通过对冰箱里的食物属性进行分析，它还能够窥知主人健康方面的信息。借此机会，向其推荐保健产品及保险产品可谓是投其所好。

将来，冰箱将会变成一个以食物为原点的重要数据来源，商家能以此为中心向人们提供各种服务。据说亚马逊已经在着手研制此类产品。

如果对顾客缺乏了解，是无法为其提供优质服务的。而了解对方的过程，实际上就是对信息进行解析的过程。如果只是单纯地根据自己所掌握的信息进行主观推测，强行向客户提供推送服务，必然会招致客户的反感。很多网络广告的推送便是如此。

如何合理运用数据，优化推送服务是一个值得我们深思的课题。数据的收集与运用才刚刚起步，但可以肯定的是，数据所蕴藏的力量绝对不可小觑。

每分钟都在变化的机票价格

相信很多经常在网上购物或预订机票的人都有过这样的经历：很多在线的产品，在不同的日期或不同的时间段，价格是会波动的。这就是动态定价。正是因为对数据的有效运用，机票价格才会每分钟都变个不停，亚马逊的商品价格变化频率更是达到了以秒来计的程度。

在电子商务领域，动态定价早已经不是什么新鲜事了。除了线上，动态定价还发展到了线下，有些超市已经换上了电子价格牌。有了电子价格牌，早上售价为500日元的生鱼片，到了中午可能就会变成400日元，傍晚的时候，又说不定会降为300日元，而如果到了快要闭店的时间这份生鱼片还没被卖掉，那么它可能被半价处理。

商品价格随着时间的变化而变化，这是生鲜食品超市的特点。但在将来，商品的价格不但会随着时间的变化而变化，甚至可能还会根据购买者的不同而变动，这与"顾客终身价值"有关。

顾客终身价值可以理解成在一个相当长的周期内，企业从顾客那里获得的全部经济收益的总和，顾客是衡量企业能否获取高利润的重要指标。比如某件商品的定价在某一时刻十分低廉，长期以此价格进行销售的话可能会出现赤字。但通过分析得知，一些顾客如果在这一段时间内购买了该商品，那么在今后一年的时间里他们都会购买该商品，长远来看，商家的收益可观，因此，在这段时间内即便赔钱销售这款产品也是值得的。正是因为有了数据，经过一番分析才有可能得出上述结论。

评估顾客的终身价值在线上的电子商务中非常常见，但我认为，随着电子价格牌的逐渐普及，评估顾客终身价值并进行动态定价的服务必将扩展至线下商业领域。

智能手表暴露了我们的行踪

将来所有的设备都会时刻保持联网状态，并不断收集着数据，尤其是智能手机和智能手表不离身的人，他们身在何处，都做了些什么，全都被摸得清清楚楚。这让我们没有任何隐私，着实让人觉得有些不安。

下面我讲一则看似是笑话的事实。有一位妻子担心丈夫的健康状况，于是将丈夫的Apple Watch数据，特别是其中的脉搏数据传输到了自己的手机上，然后，她发现有个时间段丈夫的心跳速度特别快，这让她十分担心。一开始，她以为自己的丈夫是在健身房健身，但这个时间居然是在凌晨三点，这让她感到十分意外。她通过进一步调查发现，原来这段时间自己的丈夫正在情人家里偷情。Apple Watch居然帮这位妻子发现了丈夫出轨的事实。

如果在家里或车里安装摄像头的话，一旦出现什么异常情况，立刻就会被觉察。但这样一来，人们的隐私也随之暴露无遗。于是一种不暴露隐私又能起到示警作用的安全设备便应运而生了。它能通过监测室内二氧化碳浓度发现异常情况。当监测仪检测到二氧化碳浓度异常时，会对主人发出警报，因为这或许意味着有危险发生。

安装温度传感器之后，人们就可以享受到家中四季如春的温度了。因为企业贩卖硬件设备的目的除了营利，还有收集数据，所以此类产品的定价并不高。甚至，如果客户允许企业收集数据的话,那么价格还可以更加低廉。

　　数据的收集可谓是无孔不入。但在将来,人们有权选择是否提供数据。

基于100万辆机动车数据的"特斯拉保险"

特斯拉也是善于运用数据的企业之一,它收集数据的方式不可谓不大胆。借助在电动汽车上的摄像头和传感器,它收集到了来自100万辆电动汽车的数据。这些数据通过互联网上传到特斯拉的服务器上,被用于改善服务品质和开发新的电动汽车。

一般的汽车厂商都拥有测试专用赛道,而维护赛道的成本是巨大的。特斯拉却无须花这笔钱。这正是得益于这100万辆电动汽车不断上传的数据。特斯拉并不是一开始就以开发出近乎完美的自动驾驶技术为目标的。在现有技术满足标准之后,它生产出了100万辆电动汽车。测试是在公路上进行的。其实这里使用"测试"这个词似乎并不恰当,确切说来,它所做的只不过是通过对数据的灵活运用,对软件的质量加以改善而已。

那么与之相对的,日本研究自动驾驶的汽车厂商的情况又是怎样的呢?它们从一开始就试图开发出一套近乎完美的自动驾驶系统。为此,它们做了很多准备,其中自然包括大型封闭赛道,花费了巨额资金和大量时间。即便如此,它们也不可能像特斯拉那样准备100万辆测试专用车,得到的反馈多寡一目了然。因此即便这些日本企业与特斯拉水平相当,它们也依然无法跟上特斯拉的步伐。之所以会有如此结果,是因为两者之间数据保有量差距巨大。

特斯拉的初衷就是想要打造以电机为动力的电动汽车,单从这一点来讲，特斯拉就已经将传统燃油汽车厂商远远抛在了身后。我敢肯定，从一开始特斯拉就已经计划打造数据收集平台了。

要从传统燃油车上获取发动机转速等信息，需要打造一套新的系统，这肯定会增加造车成本。

特斯拉以大量的数据为王牌，开展"特斯拉保险"业务，强势进军汽车保险市场。这是专门面向特斯拉电动汽车及其用户的保险，虽然跟一般的机动车保险内容大致相同，但其价格却比普通机动车保险低20%~30%。

证券业务的个性化推荐

通过对数据的灵活运用,证券公司让整个证券界发生了翻天覆地的变化,其中发生巨变的是股票及投资信托等个性化推荐服务。如果下决心对数据加以运用,证券公司将会取得一定的成效。但关乎客户隐私,证券公司目前尚未动用任何数据。

目前,客户经理与客户进行交流时,无论是面谈还是电话交流,抑或是借助互联网平台,虽然对客户过往的投资经历有了了解,但基本上都是靠客户经理的个人经验去推荐金融产品。

很多大型证券公司都没有对客户历史交易数据加以运用,但Robinhood却先人一步,已经开始使用这些数据了。除此以外,它们还使用了股票交易以外的数据,并针对客户的具体情况为其推荐具有升值空间的金融产品。只不过它们使用的手段十分巧妙,它们没有与客户进行直接接触,而是灵活运用智能手机,让客户感觉就像是在玩游戏一样,但推送的广告在不知不觉间就已经被他们注意到了。

前面已经说过,Robinhood之所以会成为业界关注的焦点,主要是因为它推出了具有划时代意义的智能手机交易系统。除此之外,它利用保有的数据为客户提供个性化推荐服务也是原因之一。这两点是主要原因,但还不止于此。

过去,即使有人发现了商机,也没有足够的资金付诸实施,只能将成熟的企划卖给大企业。

正是风险投资行业的兴起，让拥有好点子的人得以获得数以百亿计（日元）的资金，如果是在美国的话，甚至超千亿的资金也不在话下。可以说，风险投资业让资金成了触手可及的商品。

既然资金不再是稀缺资源，那么在竞争中决胜的关键究竟是什么呢？

那就是创意、科技、品牌的力量，还有雷厉风行的行动力，这些都是这个时代最为宝贵的财富。

第二部分 / 跨越2025年的"延命秘籍"

第5章
2025年时，几近崩溃的企业及崛起的企业

虽说订阅服务已经成了必然趋势……

从前，企业与顾客之间的接点仅限于在实体店铺内的服务，或发行具有某种附加价值的积分卡。自从互联网问世以后，这种旧有的商业模式就遭到了毁灭性打击。

要想一天24小时随时都为顾客提供服务其实很简单，借助手机应用或在线网店就可以实现。前面已经反复提起过，为顾客提供良好的服务体验，在将来会成为企业与顾客之间的重要接点。有了这个基础，企业就可以收集顾客信息，并向他们推荐合适的商品式服务，进一步提升用户满意度，形成良性循环。如果这些企业想要在将来的竞争中取得成功，这一点是不可或缺的。

在能够让企业与客户建立起持续性联系的服务当中，最具代表性的就是订阅服务了。它最显著的特征就是，一旦客户购买了订阅服务，只要客户对服务满意，就不会中断订阅。

因此企业要想在竞争中胜出，就需要早日导入订阅服务，并尽快吸引客户购买，这是制胜的关键。

相反，如果不导入这一服务的话，企业可能就会失去一个会聚顾客的渠道。尽管有些企业想要导入订阅服务，却由于技术上的原因无法实现。但就是在这种环境下，很多日本企业却依然不为所动，死抱着陈旧的商业模式不放。

现在很多零售企业最重视的依然是商品质量。当然，这一点的重要性毋庸置疑，但在将来，较之商品的品质，越来越多的

第 5 章 2025 年时，几近崩溃的企业及崛起的企业

企业将会更加注重服务体验。不注重服务体验的企业注定会被淘汰。毕竟依靠倒卖良品能大赚特赚的时代已经一去不复返了。

为什么亚马逊能获得广大用户的支持？它又是怎样做的呢？是因为它的商品品质优良、价格低廉吗？这恐怕只是其中一部分原因。只要这件商品自己想要，而且价格比较便宜，亚马逊的用户就会立刻买下它。很多用户只愿意在亚马逊上购物，而不选择其他电商，是因为他们看重亚马逊的品牌价值。在亚马逊，很多商品都免运费，而且只要成为Amazon Prime的会员，他们购买的商品第二天就能送到自己手中。这无疑是一项十分划算的订阅服务。

对数据的收集分析是提高服务品质及品牌价值的必要手段，而收集数据的最佳方法莫过于订阅服务了。

但其实即便是在美国，也仍然有很多大型传统超市没有导入订阅服务，仅仅靠质优价廉的商品苦苦支撑。将来，若非商品难以替代，它们将无法继续支撑下去。

对于那些导入订阅服务的企业而言，增加一个客户，不会增加运营成本；而多一个人订阅，企业则会多一分发展的机会。

像音乐、视频、游戏等数字媒体，以及软件行业，例如微软旗下的游戏公司，以及网飞、苹果音乐、Spotify等企业，都是如此。

那么导入订阅服务之后，客户的使用体验究竟会有什么样的改变呢？最具代表性意义的就是个性化推荐服务。

很多人有着相近的兴趣爱好。比如说某家在线视频网站有这

么两位客户——A和B。从数据分析的结果来看，他们都喜欢电影和音乐，而且品味相近。那么这家网站完全可以把A看过的电影及听过的音乐如数推荐给B。

个性化推荐最大的好处在于，除了人气作品以外，它还能主动向用户推荐适合自己的小众的、影响长远的作品或内容，省去了用户亲自检索的麻烦。

使用者不必进行额外的操作或设定，只需正常使用，随着使用越来越频繁，用户体验就会变得越来越好；而相对的，个性化推荐的效果也会变得越来越好。如果体验如此良好，恐怕用户是不会转而使用其他公司的服务的吧。

订阅不等于租赁

我们经常能看到有些新闻报道将订阅与租赁画等号。即便年会费相同，特征相似，但这两者所包含的内容和所提供的服务在本质上是完全不同的。

租赁仅仅是借出去就万事大吉了，而订阅的本质则是持续为客户提供优质的服务，因此数据的收集被摆在了一个很重要的位置上。

下面我们以机动车的租赁和订阅服务为例进行说明。机动车租赁服务仅仅是将车辆租给使用者，并不包括其他附加内容。但是机动车订阅服务就不一样了。它会通过收集用户的信息，让企业方面掌握订阅者的动态，比如他们周末会开车到郊外野营、钓鱼或滑雪，了解到用户的习惯以及偏好之后，提供订阅服务的企业就会不断向用户推送适合户外运动的SUV车型信息。如果这恰巧是一家综合性企业的话，它可能还会向用户推送最新款的鱼竿及滑雪板等广告信息，甚至它还会向用户推荐合适的旅馆酒店。

提供订阅服务的企业会运用收集到的数据，想方设法提升用户体验。相反，不懂运用数据的企业则丧失了很多潜在的商机。

订阅服务可以采取免费和收费相结合的形式。比如，将那些对服务及品牌感兴趣的客户积累到一定数量的时候，就是企业改变收费模式的最佳时机。

像迪士尼乐园及日本环球影城等主题公园提供的年票或度假

俱乐部等服务，也很容易跟订阅服务搞混。

这些服务项目跟订阅服务是完全不同的。年票是通过计算出客户每年入园的次数达到某个数值后可以获利的程度，据此制定价格，其目的就是为了营利。度假俱乐部也是如此。它还有一项限制，那就是顾客云集的繁忙期是无法享受这一服务的。

此类服务均无法提升用户体验，这是此类服务与订阅服务的本质区别。

最近，各大主题公园开始收集并分析年票客户的信息，试着提升用户体验。受疫情影响，各大主题公园一度闭园。在日本环球影城再度开放之后，决定首先面向大阪府的年票会员开放[1]，它的做法非常值得其他主题公园借鉴。

迪士尼乐园却未见有类似做法。但它有没有在收集、分析数据，这一点我们不得而知。但相信今后它一定会导入订阅服务，并利用收集到的数据做一些有利于提升用户体验的改进。

例如它现在提供的生日特惠服务，只要游客证明当天是自己的生日，就可以享受生日特惠。除了票价优惠以外，还可以优先参加一些游乐节目。

它还会将数据用于其他业务项目，比如迪士尼目前已有的订阅服务"Disney+"，其服务内容就是让游客喜欢的迪士尼人物来到入口迎接他们入园。在售卖纪念品时，也会将游客喜欢的卡通人物摆放在显眼的位置。

---

[1] 日本环球影城建在大阪。——译者注

不适合推行订阅服务的行业

也有些行业不适合推行订阅服务,那就是会出现产品损耗的行业。所谓损耗,就是指硬件经过一定时间会出现质量下降的情况,具体包括房地产、汽车家具等行业。

智能手机经过一段时间以后也会出现损耗,所以推行订阅服务也存在一定的难度。但智能手机厂商非常了解订阅服务对企业发展的重要性,所以必须推行。例如苹果推出订阅服务就是为了配合其以iPhone为核心的发展战略。

由苹果提供的这项服务的内容就是每年都可以更换最新一代iPhone产品。苹果深知这项服务的成本较高,所以其订阅费用也高,为每年7万日元左右。另外,这项服务还有一项附加条件,那就是用户要将手头能够正常运行的iPhone退还给苹果。

但现阶段,即使是服务趋于完善的特斯拉,也没有推出订阅类服务。它在品牌管理方面下了很大的功夫。马斯克的很多做法都颠覆了业界常识,甚至有时候让人觉得他的做法就像是个人的表演秀。

特斯拉计划原于2021年推出皮卡车型Cybertruck,后又将其推迟至2022年。如果特斯拉推出订阅服务的话,说不定用户就可以享受到包括这款车型在内的所有产品了。到了2025年,特斯拉或许会再次打破业界常识,推出订阅服务吧。

除了像马斯克一样不走寻常路的经营者以外,其他不适合推行订阅服务的企业该何去何从呢？这是个非常严肃的问题。我前面介绍过，诸如GAFA之类的企业既然能够轻易突破行业壁垒，那这种问题肯定也难不倒它们。

例如像房地产这种不适合推行订阅服务的行业，如果换做是GAFA，针对用户推行订阅服务也能成为现实。

我们来想象一下亚马逊房地产推出订阅服务以后，它会是怎样一番景象吧。它们根本就没有指望房地产本身能够盈利，所以亚马逊住宅的售价并不会比其他房地产公司的产品昂贵。

亚马逊住宅中所有的家具都是由亚马逊一手打造的。购买亚马逊住宅有一个附加条件，那就是住户必须订阅类似Amazon Prime的服务。但正是因为购买亚马逊住宅时必须使用亚马逊提供的配套家电产品，其广告的效果必然会非常理想。亚马逊从这些住宅中获取的数据可谓是无价的，所以这种商业模式完全可行。

一旦亚马逊房地产推出此类服务，必然会给传统的房地产企业带来巨大的压力。因此，传统房地产企业除了选择跟亚马逊合作或转战其他行业以外别无它途。由此可见，只专注于单一行业的企业实在是前途难料。

其实，亚马逊的主营业务——零售业，本来也不适合推行订阅服务。因为一旦推行订阅服务，随着客户数量的增加，所需的仓库、运输车辆及运送人员的人数也会随之增加，这些费用将大大增加运营成本。但是只要超过一定的规模，这些费用相对于整体利润而言，就显得微不足道了。Amazon Prime成功的秘诀就在于此。

中间环节的企业将面临被淘汰的命运

将来,各种代理店、4S店、注册供应商等提供中间服务环节的企业恐怕都将不复存在,因为它们已经失去了其存在的必要性。

多数的传统企业都属于这类企业,它们多数都规模较大,即使想转型也无法轻易做到,大型财险公司的处境就更是如此。

汽车行业也是如此。规模越大的车企,其下属机构也就越多。除了4S店,有些车企甚至可能还拥有自己的大型修理厂。而现在这些下属机构都成了限制企业转型的枷锁。如今,反观特斯拉,它从生产到销售,根本不存在任何中间服务环节。这正是有些车企逐渐走向没落的明证。

虽说是大势将去,但4S店或其他代理店的工作人员毕竟奉献过自己的一份力量,绝不能对他们持全盘否定的态度。

我认为,一旦对现状听之任之,那么整个提供中间服务环节的行业都势必面临被淘汰的命运。要想在激烈的市场环境中求生存,若难以转变行业形势,就要提升服务质量。

比如,这些企业可以将代理店改造成展厅,不直接参与销售活动,而是使其成为企业与客户的接点,为企业的品牌管理做贡献。而4S店可以改造成概念车展厅。这样一来,用户体验过概念车的各色功能之后,一定会心动不已,在这时候对客户进行营销,将大大提高成交的概率。

奥迪、奔驰、宝马以及日本的雷克萨斯等知名车企，在这方面已经有了尝试。现在的主流方案是将4S店等功能型店铺改造成咖啡馆，但雷克萨斯还有更富创意的方案。

雷克萨斯的主要目标就是让客户多体验它的产品。毕竟没有什么比亲自驾车去旅游景点游览一番更惬意的了。雷克萨斯甚至在景点为客户准备了饮品和食物。此举除了能让雷克萨斯的品牌价值得到提升以外，想必还能从旅游景点赚取一笔广告费吧。

硅谷起家的b8ta——让零售行业大为改观的初创企业

下面我向大家介绍一家让零售行业感到吃惊的初创企业，这家企业就是b8ta。传统零售业的商业模式就是租一间店铺，然后以成本价进货，再提价出售，靠差价来获取利润。

但由于电子商务的兴起，到实体店铺购物的人数急剧减少，人们前往实体店铺的目的多是为了体验服务而非购买商品。如此发展下去，实体店铺将逐渐失去其存在的意义。

在网上购买商品时，我们首先要通过搜索引擎或其他渠道（例如油管、脸书上的广告）找到我们要购买的商品，而做广告的商家则需为这些投放的广告支付一定的费用。这就是网上零售业的一般流程。

但b8ta却将这样的做法搬到了线下。b8ta在其实体店里摆放了几台非常有特色的设备，但这些设备不是用来售卖，只是用来展示的。就像汽车厂商将4S店改造成展厅一样，b8ta就是这么做的。

b8ta在店里展示的并非是成品，工作人员特意选了几种非常有特色、预测很有销路的样品摆放在那里。他们还会选取一部分对这些设备感兴趣的客户，让他们实际体验后说出自己的感受，并将客户的意见反馈给研发这些设备的企业。当然，它也接受新产品的预定。

b8ta的这种做法对传统企业而言，可借鉴之处颇多。首先可以借助这些样品起到宣传新产品的效果。其次，b8ta的店面也是收集产品反馈的最佳场所。因此企业方面很乐意将样品放在b8ta的店里展示，并支付给它一定的费用，这就是b8ta的商业模式。

它的店内装有摄像头和传感器，可以记录下到底有多少位客户对什么设备感兴趣，什么样的客户群体对哪类设备感兴趣，进行实际体验的客户有多少人等信息。这些统计数据除了可以帮助它分析客户偏好，提升用户体验，还可以用于像谷歌广告那样的收费广告业务。

它以旧金山为起点，在美国的很多城市都开设了店铺。2020年8月，它终于发展到了日本，其地址就在东京有乐町站前的丸井大厦内。

2025年时，岌岌可危的8大行业

科技落后、数据运用也跟不上时代步伐的行业不在少数。这些行业将来注定难逃被市场淘汰的命运，尤其是下面8大行业更是岌岌可危。

零售业

零售业的优胜劣汰已然开始。2020年5月，美国高级百货店尼曼申请破产。几乎是同时，拥有百余年历史、开设了近850家实体店铺的大型连锁百货杰西潘尼也申请破产。诸如此类的事件今后也将持续发生。

为什么沃尔玛熬了过来，而它们却倒闭了呢？规模如此庞大的零售企业，手中并不缺乏数据。

既然如此，它们又为什么落得破产收场呢？难道是因为它们没有意识到数据的重要性？或是意识到了，却缺乏相关科技或人才的支持？

我认为，更有可能是因为历史悠久的老店大都缺乏危机感，无法掌握顾客的需求吧。可见只是保有而不善加利用，那数据将没有任何价值。只有经过分析并灵活运用数据，数据才能充分体现出它的价值。

对这些"老店"而言，如何跟顾客进行交流，如何让顾客接触到真实的商品更为重要。所以，忽略了数字化的力量，导致它们被市场淘汰。

能源

能源对于一个国家的重要性是毋庸置疑的。很多人都知道火力发电已经是上一个时代的产物了，但这些人却从不认为能源有一天会彻底枯竭。如果人们都这样想，那我们的未来不容乐观。

马斯克从来都不觉得行业之间存在壁垒，所以不断拓展着名下企业的业务范围。行业壁垒在马斯克面前是那么"弱不禁风"。

正如上文所说，特斯拉已经投身能源产业，并且参与兴办了光伏发电项目。加利福尼亚州政府具有很强的环保意识，因此非常支持包括特斯拉电动汽车在内的各项环保事业，比如，给予特斯拉以减免税费的政策支持，并宣布于2035年开始禁售燃油车。

金融

Robinhood既没有实体店铺，也不向客户征收任何费用。正是由于此类初创企业的兴起，让传统金融企业处于被市场淘汰的边缘。

银行业也是如此。诸如PayPal之类的在线结算服务轮番登场，在美国甚至使用脸书就可以进行转账。这些冲击肯定会使传统金融机构客户人数不断减少。

但正如我之前说过的那样，有些明智的金融机构早已经意识到了这一点，它们甘愿退居幕后，成为新兴企业的经济后盾，即

第 5 章　2025 年时，几近崩溃的企业及崛起的企业

实现从提供金融服务到提供相关设备的行业转型，而那些无法顺利转型的金融机构将难逃被淘汰的命运。

游戏

开发手机游戏的公司今后或许不会面临生存危机。但那些开发主机游戏或电脑游戏的厂商则会被淘汰，其原因在于它们对网络游戏的重视程度不够。

将来，联网对战将成为游戏的主要形式，但传统游戏厂商却偏偏不太重视这一点。当然，很多游戏具备联网功能，但玩家追求的是可以一边直播一边与众人一起游玩的热闹氛围。

就像我之前说过的那样，决定成败的不是硬件，而是体验。换言之，即便是性能超强的游戏机，如果不能提供多人游玩体验的话，它的乐趣也会减少。

我们来对比一下索尼和任天堂在这方面的做法。

索尼对客户的需求比较敏感，它果断采用边缘计算服务，这一服务可以让网络响应更加及时。另外，索尼还跟微软建立了合作伙伴关系，对云服务的应用更加得心应手，这让客户手中的游戏机能够接入云服务器，满足了客户对多人游玩的需求。

虽然任天堂Nintendo Switch也能接入云端，但却并非是常时连接。它也会跟索尼一样，选择微软作为自己的合作伙伴吗？它或许会选择亚马逊。

亚马逊推出了Amazon Luna游戏服务，每个月的费用约为600日元，或许它的目标是谷歌。另外苹果最近也宣布要进军游戏行

业。看来，在不久的将来，游戏产业必将发生翻天覆地的变化。就像音乐网站现在实行定额制一样，游戏行业将来也会采取定额收费的做法吧。届时，各大公司一定会竞相收购游戏开发团队。游戏产业界的这场争斗结果如何，让我们拭目以待吧。

虽然任天堂可能会陷入发展的瓶颈期，但任天堂的红白机及超级任天堂可谓是业界天花板级的存在，何况它还是少数几家日本极具代表性的企业之一。任天堂现任CEO宫本茂院士是《马里奥》系列与《塞尔达传说》系列的开发者，他是一位极具传奇色彩的创作者，任天堂成功地继承了他的创作基因。希望任天堂能够在他的带领下，发挥优势，再次成为游戏行业的领跑者。这是我个人的一个美好愿望。在音乐领域，索尼地位已经被苹果取代，但愿在游戏行业同样的事不会发生在任天堂身上。

系统（系统集成商）

美国云服务器的建设已经逐渐普及，但在日本，本地部署却仍占据主流地位。另外，美国企业的系统构建都是自力更生，只有在无法独立完成的情况下才会将部分内容外包给系统集成商。而在日本，则有很多企业直接将整个系统的构建都交给了它们。

也正因为如此，日本企业只能受制于系统集成商，按照它们给出的方案和价格来搭建自己的系统平台。

为什么日本的系统集成商不积极发展云端化系统呢？

因为传统的本地化部署需要不断进行维护，这对系统集成商来说是非常具有吸引力的。如果导入云系统，那么系统集成商就

第 5 章　2025 年时，几近崩溃的企业及崛起的企业

无法赚取维护费用。这是因为云服务器都是由大企业来负责运营的，所以这部分费用自然就会落入大企业的腰包。

但情况就像之前说过的那样，GAFA这艘西洋军舰已经攻陷了日本的大本营——目前GAFA已经取得了日本政府服务系统的部分订单。这样一来，地方政府的服务系统将不再采用本地化部署的形式，而是会被纳入GAFA所运营的云系统。以此为基础，日本全国各个机构及企业的本地部署系统也会逐渐被云系统所取代。

由于云端化及人工智能在日本起步较晚，所以日本企业及日本本地的系统集成商，在此领域的竞争中自然也处于劣势。

打一个不太恰当的比方，现在日本的系统集成商就好像是汽车产业中的4S店及代理店，属于中间环节企业，而作为中间环节企业，在将来的竞争中极有可能会因无法顺利实现转型而被市场淘汰。

家电

像亚马逊冰箱之类可以收集数据的家电产品今后将会逐渐普及，在这里我不得不反复强调，诸如亚马逊之类的集团化企业，未必一定要以家电产业获利。这样一来，相同规格的家电产品肯定会比其他厂商更具价格优势。然后亚马逊会再效仿特斯拉的做法，将收集到的数据用于改良自家的产品。

这样一来，谁将在竞争中处于优势地位，就一目了然了。

汽车产业及线下教育

汽车产业我在前面已经充分论述过,这里就不再赘述了。

至于线下教育,在这个应用程序与数据大行其道的时代,即便是线下教育要发展也仍离不开这二者。

资本将不再是优势

企业有8大要素,包括客户、品牌、流通渠道、专项技术、物资管理、供应链、IT资源及资金。

在以前,其中资金、物资管理、供应链和IT资源是只有资本实力雄厚的大企业才具备的要素,这些也是初创企业所不具备的资源,因此初创企业很难在竞争中取胜。

但如今,除了客户与品牌之外,其他资源都可以求助于外界。也就是说,曾经是企业实力象征的巨额资本将不再是能够左右局势的必要条件了。能够看到这一点的杰出人才也都意识到大企业优势不复存在,于是纷纷投入了初创企业的怀抱。

新颖的研发手段及高超的品牌管理技巧,让很多初创企业一举摆脱了不利局面,使自己在市场竞争中处于有利的位置。

亚马逊与脸书拥有很好的流通渠道,而在专项技术方面,它们拥有两种人工智能技术,即"机械学习"和"深度学习"。

物资管理、供应链及IT技术也是如此。只要肯出钱,无论是初创企业还是中小公司,都能够拥有任何一项尖端技术的使用权。

云服务就是个很好的例子。亚马逊可以使用,只有10名员工的中小企业也一样可以使用。虽然在使用量及费用上有很大的区别,但其本质都是云服务。

至于资金,大可以从风险投资公司等机构及团体处获得。实际上，如今全球的投资资金都处于过剩的状态，所以虽说资金实力雄厚有一定的优势，但却已不再是关键。

从另外一个角度来看的话，以前大企业所具有的规模与资本优势，如今反而成了阻碍它们发展的绊脚石。大企业的从业人员数量众多，无论哪行哪业，拥有数万乃至数十万员工的全球化企业不在少数。拥有如此众多员工的企业，作为与客户之间的接点的事务所自然遍及世界各地。这就导致了一旦遇到特殊情况需要迅速采取行动，大企业往往受制于累赘的层层报告，难以及时进行处理。

如果将大企业比喻成油罐车或重型卡车，那么初创企业就是火箭。初创企业这艘火箭虽然可搭乘的人数不多，但贵在速度，而且转型也容易得多。

在充满了不确定性的当今社会，规模小反而成了一种优势。打个比方，这种转变就好像编程的模式从当初的瀑布模型（Waterfall Model）发展到现在的敏捷开发（Agile Development）一样。

大企业如何才能避免被初创企业蚕食

在竞争中，大企业如何才能避免自己的业务被初创企业蚕食呢？进一步来说，如何才能避免自己被初创企业吞并呢？我认为除了经营方法的创新和新型人才的引进以外，还要强化品牌管理。

这需要进行一次改革才能实现，但是这次改革不能过于形式化，否则将毫无意义。实施改革的前提条件至少要满足下列要求之一：这家企业一定得是由创立者终其一生亲手打造的；企业的经营管理长期由创立者一手掌控；这家企业的经营者已经获得了员工及股东的广泛支持。这也就是说，能够顺利实施改革的企业少之又少。

一般大企业会在自己名下创建初创公司来与其他初创企业相抗衡。当然，它们也会选择收购其他初创公司。

创建初创公司就意味着要积极从外部招纳人才，而且这家子公司要尽可能摆脱母公司的束缚，保证相对的独立性。当母公司向其输送人才时，一定不能有再将他们抽调回母公司的打算。此外，为了鼓舞士气，还要强化奖励机制，比如，当某个项目取得成功时可以给予相关人员高额奖金。

三菱日联金融集团创建了一家名为"Japan Digital Design"的金融科技初创企业，它的做法就非常值得借鉴。

开放式创新也不失为一种好办法，但仅限于合作和出资方面的开放式创新，难免会有费时过长的弊端。在有绝对把握的情况下，对大企业来说并购才是最佳选择。只是大企业对初创企业发起并购时，需要注意以下两点。

首先，要对并购的难度做出准确的评估。这并非是指资金，而是指人才方面的问题。初创企业的创始人往往不喜欢有人对自己指手画脚，所以在做事前评估时要充分考虑管理上可能出现的问题。具体来说就是实现并购后应赋予其什么样的权限与职位。

如果与初创企业的创始人发生摩擦，甚至让他拂袖而去的话，就会落下处置不当的话柄。即便在沟通后，创始人肯留下来，如果处理不好这家企业的业务内容及品牌形象，也难免会遭人指摘。

脸书收购Instagram的案例很有参考价值。由于与Instagram的创始人产生了矛盾，而使得脸书备受人们诟病，这对脸书后来进行的并购计划产生了极为不利的影响。

其次，要有效利用新资源。虽说谷歌的并购案成功率总是难以突破50%，但它们却总能对新获得的资源加以有效利用。其中较具代表性的案例，要数它对人工智能初创企业DeepMind的并购了。假如当初收购DeepMind的是亚马逊，GAFA的势力格局又会变成什么样呢？并购的威力不容小觑。

第6章
2025年时,工作该如何找

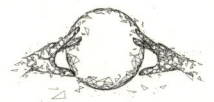

必备的5大技能和知识

无论是个人还是企业,要想在2025年求生存,下面的5大技能和知识是必不可少的。掌握这5大技能和知识(见图6-1),就足以应付任何一种商业模式。

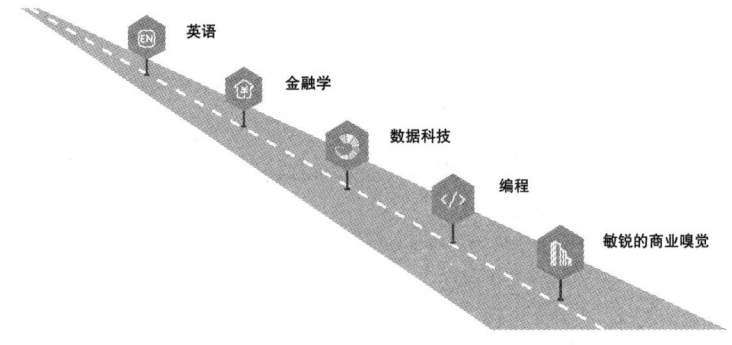

图 6-1　2025年必备的5大技能和知识

英语

要具备能够读懂英语商务新闻的能力。至少也要具备能够从英文新闻中获取相关信息的能力。大家可以多读一读《华尔街日报》和《金融时报》的英文版,被翻译成日语的文章只不过是其中的很少一部分。如果大家的英语水平能够达到足以阅读论文的水平,那就更好了,因为论文里包含了很多关于尖端科技的最新信息。比如说,最近关于量子计算机方面的研究,在读了英文论文之后,量子计算机能做些什么、不能做什么都能了解得很清

第6章 2025年时，工作该如何找

楚。其实我本人有时也会读一些论文，比如我最近读了一篇关于人工智能语言预处理训练(BERT)技术的论文，这篇论文将该项技术的变迁论述得十分清楚。

拥有一口流利的英语或许需要下很大的功夫，但当你能用英语跟外国人进行交流谈判时，你会发现所有的付出都是值得的。

金融学

我已经通过金融分析师的考试，并取得了资格证书。我认为通过参加金融分析师考试，可以对这方面知识进行系统的学习。虽然没有实际工作经验无法取得金融分析师资格证书，但我认为，只是看书与刷题就会有很大的收获了，毕竟这一门考试就囊括了会计、经济学、宏观经济学、现代投资组合理论、分散投资方法、股市动态、股票市值理论以及利润等这些作为一名经济学家所必备的知识。

数据科技

何为"深度学习"？它可以应用于哪些领域？无法应用于哪些领域？如今这个时代，这些问题已经成了我们不得不知的常识性问题。

或许有人觉得"深度学习"简直像魔法一样神奇，但实际上，现阶段它能做的只不过是对既有的数据、图像、声音及自然语言进行分析而已。

在"深度学习"方面，有一个供数据技术人员展示自己才华

的平台，名为"Kaggle"，各位读者如果有兴趣的话，建议大家去尝试一下，目的不是夺取奖牌，而是让自己对数据科技有更透彻的认识。

网址：http://www.kaggle.com

编程

不同的编程语言，分别应用于不同的领域。此时此刻，我向大家推荐关于数据科技方面的编程语言"Python"。像英语的学习一样，编程也没有必要精通，我们不必像一流程序员那样可以自己编写代码、构建网站。

我们要知道眼前的代码是如何运行的，还要能判断出它能否顺利运行。做到这一步，我们只需了解程序的运行原理，具备辨别程序有何价值的基础编程能力就足够了。

最近还出现了一种无代码编程软件"Bubble"，适合新人用于入门尝试。

敏锐的商业嗅觉

对身边的产品与服务，我们要能掌握其原理，能够明白它们是如何实现盈利的，在这个基础上，能够对其商业模式进行正确解析。

Zoom何以能够实现飞跃性的成长？亚马逊冰箱热销的秘诀是什么？能够准确地把握商业话题，并能够对其内在原因进行正确解析，这种意识及分析能力，对我们而言非常重要。

第6章 2025年时，工作该如何找

此外，要是大家能够了解微观经济学，精通行动经济学中信息的非对称性及助推理论，就更是锦上添花了。

上述都是2025年要掌握的技能和知识，至于2025年以后需要掌握的则可能会有所不同。在我看来，掌握了量子计算机理论的话，在将来很可能会大有作为。

身处黄昏行业的人们该如何自处

如今仍然身处黄昏行业的人们应该何去何从呢？这实在是个难以解答的问题。因为职业毕竟跟一个人的人生观有很大的关系。另外，即使是同一个人，年龄段不同对待职业的态度也会不同。

对企业过分依赖无疑是十分危险的。但只要掌握上述5大技能和知识，就具备能胜任任何一个行业的任何职位的能力，何况我认为，这5大技能和知识对于年轻人来说尤为重要。

对于20多岁的年轻人来说，能够在大学的研究生院，系统地攻读这5种专业，那是最理想的。其中，数据科技即便是在2025年以后的社会也依然能够派得上用场，可以说这是一项必备的技能。

至于三四十岁的人们，我诚心建议你们跳槽去外资企业，或本书中所介绍的企业。不是说外资企业就一定在各方面优于日本企业，但在外资企业工作，起码能够了解它们是基于何种理论开展自己的业务的，了解这一点对于我们十分重要。了解了外资企业的运作原理之后，就可以再度返回日本企业活用这些经验。松下集团的樋口泰行就是个很好的例子。

实际上，我本人就有过在日资企业纽约分公司及外资企业工作的经验。在此期间，我学到了外国人及外资企业的一些思维方式。至于解析商业模式的本领，则是我在谷歌任职期间学到的。

常学常新,增加自己"标签"的数量

掌握某项特殊技能,或在某一领域有过相关工作经验的人,虽然在这一领域一定能够取得突破性进展,但他的职业生涯却也被牢牢限制在这一领域或行业了。我们要随时留意各种动态,并更新自己的知识库。相反,要是无法做到常学常新的话,即便你是某一领域的资深专家,也难逃被淘汰的命运。

我们在学习其他领域的知识时,其水准不必超过自己的专长,更没有必要达到专家水准,只需了解其基本原理,浅尝辄止即可。毕竟,对某一领域的专业术语稍有了解的人,和对该领域一无所知的人相比较,二者之间简直有天壤之别。

如果感觉到今后某一事物即将成为主流的话,即便是自己不擅长的领域,也要积极地了解这一领域的信息,这种态度至关重要。

如果能够保持这种"常学常新"的态度,那么你的"标签"数量就会不断增加。我们之前介绍的5大技能和知识,自然也是一种"标签"。它不仅仅是个人学问、资历等的象征,还能证明你的荣光与辉煌。

以我为例,我的个人标签有"英语""投资家""科技""硅谷""美国东海岸"等。科技方面的专家可谓不计其数,在某些领域比我更了解相关动态的人也是数不胜数,但既熟知科技动态,又精通英语,还住在硅谷的人,恐怕就没有那么多了。再加上投资家的头衔,又是原银行职员,这样一来,我恐怕是独一无二的。

我常会有这样的感慨:主修工商管理硕士课程的人的确很懂得经营之道,但他们对于编程和数据科技却知之甚少。而纵观当今的商业趋势,编程和数据科技却又是不可或缺的。这一点从商学院课程的变化中就可以看出来。

为自己添加标签时,有一点需要注意:虽然通过各种标签可以组合出一个独一无二的自我,但同时也不能忽视社会对人才的要求。

不能一味按照个人好恶行事

当人们选择转行或为自己添加资历之际,一定要思考一下这两个问题:那个新添加的标签真的适合自己吗?选择这个新行业真的正确吗?

在重新择业或自主创业时,经常会有人问我们:这是你喜欢做的事情吗?你真的精于此道吗?社会将给予你很高的回报吗?如果我们在思考之后,发现这一选择无法同时满足上述三个条件,那我们就要重新审视自己的选择了。

仅仅是因为喜欢某个事情就去做,可能会有很大的风险。受此影响的将不仅仅是本人,同时还有公司和社会。

社会能否给予自己高回报同样也是重中之重。以公益活动为例,那些能够帮助他人的人是十分值得赞扬的,其高尚的品德更让我们自愧不如。但如果只是单次帮扶有困难的人或向其提供资金援助,却不建立可持续性的机制,就无法彻底解决问题。说得极端一点,人与人之间本来应该是对等的关系,可在公益活动当中,这种对等的关系却遭到了破坏。

再比如说,某沙漠地区常年缺水,我们从日本把水运到当地,发放给当地人。其实就这件事本身而言是无可厚非的,但这无法从根本上解决当地缺水的问题。"科技""沙漠""海外事业",带有此类标签的人才会想出什么样的办法呢?首先他们会制订出可行的方案,然后亲临现场,和当地人一起兴建水利设施。如此一来,便一劳永逸地解决了当地缺水的问题。即便那个人离开了,该地区也不会再出现缺水的问题。社会真正需要的正是这种解决问题的方法。

结构洞[①]

在人际交往中我们会发现一些规律，比如有些人是同乡，有些人是校友，有些人是同事，还有些人是同行，可见人与人之间的交流总是局限于某一群体的内部。企业也是一样，信息交流往往也局限于行业内部，很少会出现跨行业信息交换的情况。比如一个汽车产业员工对于流通行业的最新情报可能一无所知，因为他跟流通行业消息灵通的人士之间没有任何交集。

这就是所谓的"结构洞"，也是行业壁垒的突破口。

早稻田大学商学院教授入山章荣经常这样说明创新之际的人脉关系，那就是"跨行业的微弱关联"及"信息的十字路口"。

行业与行业，以及人与人的交汇点，即所谓的结构洞。这里汇集了各种信息。

以我自身为例，风险投资业就是一个能够将各行各业联系在一起的行业。我们经常会跟人工智能专家及量子计算机专家打交道，但如果只是依靠我在风险投资业的人脉，恐怕很难获得人工智能及量子计算机领域的最新情报。

尤其像量子计算机这类尖端科技，普通媒体所能获取的信息量非常有限，而且其信息的准确性也很难保证，但如果我们能够

[①] 结构洞就是领域与领域之间或组织与组织之间的边界。在整个社会网络当中，某些领域或组织与其他领域或组织不发生直接联系，即无直接关联或关联间断，从整体看来就好像是网络结构中出现了空洞。——译者注

灵活运用结构洞的话，那就另当别论了。

结构洞的益处还不止于此。还是以我自身为例。风险投资的业务一般都是通过熟人介绍的。如果我能占据上述图中的关键点，那么业务就会不请自来了。

人际关系在商业活动当中至关重要。比如说在营销的场合，面对一位不请自来的营销人员，我们既不知道他是哪家公司的，也不知道他身居何职，更不知道他所负责的业务内容，这都需要我们一一查证；但如果是熟人介绍的话，我们就可以省去这一系列的查证手续了。

在推荐人才时，如果推荐的人才不适当的话，不仅会给对方带来损失，同时也会影响自身的信誉，所以事前的调查与评估是不可或缺的。

当脸书上有新的好友申请时，我们一定会先看看这个人是否是自己的朋友推荐的，如果是朋友推荐的话，我们会再根据这位朋友的情况对这位陌生人加以推断。工作中的情况大致也是如此。这并不是说应该以此为标准判断一个人是否可信，但人们通常存在这样的思维惯式，即信誉好的人介绍的人相对而言也会比较可靠。

富士电视台曾经投资过开发了《Pokémon GO》的初创企业Niantic，而促成这次投资的就是结构洞——富士电视台的一位员工和Niantic的一位员工的家乡都是仙台，正是二人之间的一次畅谈促成了这次投资。

应该与什么样的人交往

借助结构洞，我们可以与各行各业的人们相识、相交，但这不意味着我们要与每个能够交往的人建立联系。

研究生毕业之后，我跟很多人打过交道，在互换名片的人当中，我想继续与其保持交往的大概只有十之一二，于是我就在脸书上向他们发出了好友申请。由于当时我只不过是一个刚刚踏入社会的毛头小子，所以大概只有一半人同意了我的好友申请。

从前，我们都是在实际交往当中不断拓展人际关系网；现在，通过一个人在Zoom或脸书上发布的内容，我们就可以一窥他的为人。与人交往，了解对方的为人极为重要。在拓展自己的人际关系之际，如果能够活用这些便利的工具，无疑会大幅降低我们的社交成本。

在脸书上互加好友后，即便不进行积极的交流，也能掌握对方的一些情况。让结构洞发挥其重要作用的，恰恰就是这种若即若离的关系。但是在维系这种关系时有一点需要注意，那就是不要只是一味从对方那里获取信息，而自己却毫无回报。

对所有人都发出好友申请，这种八面玲珑的做法非常不讨人喜欢，而且也无法形成结构洞。在从对方那里获取信息之前，我们一定要考虑自己能给对方提供什么样的信息。

即便是在脸书上发布的定期更新内容，也可以作为与对方进行信息交换的砝码。另外我们还可以主动定期跟对方进行交流，比如说，生日之类的节日或纪念日就是很好的交流机会，我们此时可以借机发布自己的一些最新动态。

与对方保持联系也是十分重要的。因为一个久未谋面的老友，无论是信任程度还是亲密度，都无法与平素往来频繁的朋友相提并论。

虽然线下会面的时间可能会间隔几个月，甚至几年，但维系线上的这种若即若离的往来仍是十分必要的。

人与人之间贵在互相体谅，或许有人觉得互致生日问候是一件麻烦事，这一类人没有必要强迫自己成为结构洞。因为那些喜欢与人交往，并且对各种现象及人物都能有好奇心的人更适合成为结构洞。而且，身处结构洞的人必定会收获颇丰。

后 记

我从小就渴望着将来能够获得诺贝尔奖。我对什么都感兴趣，是打破砂锅问到底的人。在我4岁时，父亲就在空难中丧生了，他死于1985年的日航坠机事故，我想这一经历与我刨根问底的性格有很大的关系。

是母亲独自把我带大的。我越是长大，知道的此类事件也就越多。除了我以外，这世界上还有很多人由于疾病或交通事故等失去了亲人，很多身在内乱不断的国家的人们，也正在由于各种原因遭受着不公正的待遇。

为了让这世上不再出现这些不公平的事情，为了减少地域差别给人们带来的不幸，我立志要通过发明来改善这些，并获得诺贝尔奖。我儿时的梦想就是这么单纯。

随着年龄的不断增长，我的梦想也随之发生了变化，因为我发现原来诺贝尔奖并不是通过竞争得来，而是人们对你的贡献的一种肯定。此后我便将注意力

称霸未来的企业

放在了如何解决社会问题上,直至今日我的想法依然没有变。虽然我的方向由最初的发明变成了今天的风险投资,但我立志要拿诺贝尔奖的目标却一刻都不曾变过。我仍然为这个梦想而奋斗着。

我渐渐意识到,是科技让人们的生活变得丰富多彩。

我的梦想、我的人生目标就是要让人们都过上富裕的生活,让人们免受不公正的待遇。要想达成这个目标,我必须具备一定的影响力和社会地位。

我现在的身份是风险投资家、京都大学特聘副教授,数年后我也许会创办一家初创企业,但由于经济形势瞬息万变,也不知道届时我能否如愿。

我写这本书的目的,是希望这个世界有所改变。

在本书当中,我指出那些保守的企业如果依旧我行我素、不思进取,必然会在市场竞争中输给GAFA。这虽然有煽动读者情绪之嫌,但我真心希望那些守旧的企业能够通过活用GAFA的科技,紧跟时代潮流,尽快实现转型,尤其是那些对形势变化反应迟钝的日本企业。

正如序言中所描述的那样,如果继续死抱着固有的就业形态不变,沉淀的传统与文化将会被湮没在科技光环当中,这是我们非常不愿意看到的。

在此,我不得不再三建议处于被GAFA淘汰边缘的日本企业尽快实现数字化转型(DX)。我们开办的面向企业经营者的风险投资(VC)及企业风险投资(CVC)课程,其目的也在于此。

这些课程的特点就是简单易懂。虽然讲师都是拥有颇多科技公司从业经验的资深风投专家,但他们绝不是一味追求华丽辞藻、喜欢

后　记

纸上谈兵的评论家，他们提出的理论都是具有划时代意义和现实意义的。这就是他们的工作，也可以说是他们的使命。他们的目的绝不是追名逐利。

我希望有更多的企业或商务人士能够看到这本书，及早实现企业转型，以免在2030年来临时，方才慨叹过去的时光是"失落的40年"。

这是我个人的美好愿望，也是执笔本书的初衷。

今后我也仍将继续充实自己。如果这本书能够给各位读者以启迪，继而让各位读者有所行动的话，我将无比荣幸。如果各位读者有什么感想或高见的话，可以通过电子邮件yamamototech2020@gmail.com与我取得联系。

山本康正

图书在版编目（CIP）数据

称霸未来的企业 /（日）山本康正著；于航译. --北京：中国友谊出版公司，2022.7
ISBN 978-7-5057-5424-9

Ⅰ. ①称… Ⅱ. ①山… ②于… Ⅲ. ①企业管理－研究 Ⅳ. ①F272

中国版本图书馆CIP数据核字（2022）第032751号

2025NEN WO SEIHA SURU HAKAITEKI KIGYO
BY YASUMASA YAMAMOTO
Copyright © 2020 YASUMASA YAMAMOTO
Original Japanese edition published by SB Creative Corp.
All rights reserved
Chinese (in Simplified character only) translation copyright © 2022 by Hangzhou Blue Lion Cultural & Creative Co., Ltd.
Chinese (in simplified character only) translation rights arranged with SB Creative Corp., Tokyo through BARDON CHINESE CREATIVE AGENCY LIMITED, HONG KONG.

书名	称霸未来的企业
作者	[日]山本康正
译者	于　航
出版	中国友谊出版公司
策划	杭州蓝狮子文化创意股份有限公司
发行	杭州飞阅图书有限公司
经销	新华书店
制版	杭州真凯文化艺术有限公司
印刷	杭州钱江彩色印务有限公司
规格	880×1230毫米　32开 6.75印张　139千字
版次	2022年7月第1版
印次	2022年7月第1次印刷
书号	ISBN 978-7-5057-5424-9
定价	65.00元
地址	北京市朝阳区西坝河南里17号楼
邮编	100028
电话	（010）64678009